U0948217

明白这些，就明白了生活规则

SMART WOMAN'S LAW BOOK

聪明女人的法律枕边书

她品法律课题组 编

江苏凤凰文艺出版社
JIANGSU PHOENIX LITERATURE AND ART PUBLISHING, LTD

图书在版编目（CIP）数据

聪明女人的法律枕边书 / 她品法律课题组编著. —南京：江苏凤凰文艺出版社，2014

ISBN 978-7-5399-7352-4

Ⅰ. ①聪… Ⅱ. ①她… Ⅲ. ①法律－基本知识－中国 Ⅳ. ①D920.5

中国版本图书馆 CIP 数据核字(2014)第 072914 号

书　　名	聪明女人的法律枕边书
编 著 者	她品法律课题组
责任编辑	胡　泊　王昕宁
出版发行	凤凰出版传媒股份有限公司 江苏凤凰文艺出版社
出版社地址	南京市中央路 165 号，邮编：210009
出版社网址	http://www.jswenyi.com
经　　销	凤凰出版传媒股份有限公司
印　　刷	江苏凤凰通达印刷有限公司
开　　本	890×1240 毫米　1/32
印　　张	7.5
字　　数	190 千字
版　　次	2014 年 10 月第 1 版　2014 年 10 月第 1 次印刷
标准书号	ISBN　978-7-5399-7352-4
定　　价	28.00 元

目 录
CONTENTS

第一章 PART ONE

恋爱结婚篇

结成姻缘的不二“法”门

01 婚前的花销归属是非题 003

02 未婚同居分手时的财产纠纷处理 007

03 不再被承认的“事实婚姻” 010

04 婚约，没有法律效力的约定 014

05 婚前财产的认定与处理 017

06 婚前协议的是与非 021

07 这样的婚姻关系可以撤销 025

08 竹篮打水一场空的欺骗婚姻 029

第二章 PART TWO

婚姻家庭篇

维护幸福，还需法律的“技术支持”

01 无效婚姻的财产是否也算共同财产？ 035

02 住房公积金是夫妻共同财产吗？ 039

03 父母出资买的房子，对方能分割吗 043

04 怀孕与刚分娩后，他不能提出离婚 046

05 婚能离，债务也能离吗？ 049
06 夫妻共同财产，一方可以私自处理吗？ 053
07 婚内家庭暴力，是不是一种犯罪？ 057
08 全职太太的离婚补偿要求 062
09 老公有外遇，离婚能争取哪些赔偿 066
10 拍摄丈夫外遇证据？来源合法才有用 071
11 “讨伐”第三者？小心别越过法律的界限 076

第三章 PART THREE

职场事业篇

懂法女子驰骋职场更“娇”人

01 应聘中，小心保护你的权益 083
02 劳动合同是最基本的权利保护伞 087
03 别让试用期拖垮了你的职业计划 092
04 签合同别忽略赔偿责任条款 096
05 加班该不该讨要加班费 100
06 替代单位行贿，你也难辞其咎 105
07 怀孕期间不能终止劳动合同 108
08 未婚先孕能享受产假吗？ 112
09 流产也能享受产假待遇 116
10 这些工作，孕期的你有权拒绝 120
11 产假时的工资不能“缩水” 124
12 辞职了，谨防单位扣留档案 127

第四章 PART FOUR

房车生活篇

完美居行，女人幸福有法可依

01 新房验出了问题，如何维权　133

02 按揭贷款的房屋可以退吗？　137

03 房屋被挡光，立即索赔是你的权益　141

04 外嫁的女性，能获得责任田被征收时的补偿吗？　145

05 业主被盗有权向物业索赔吗？　149

06 交车时间一拖再拖，小心被忽悠　153

07 选购二手车，要多长个心眼　156

08 借车好友肇事，车主也要赔偿　160

第五章 PART FIVE

父母亲情篇

预防亲情关系中的不安定因素

01 父母为子女买房，赠与的房产　167

02 父母赠与的房产也可能收回：与赡养义务有关　171

03 不尽赡养义务，遗产继承有问题　175

04 继承遗产，不分亲生还是非亲生　180

05 抚育费与孩子冠姓无关　184

06 监护权不等于抚养权　188

07 探望权不能随意被剥夺　192

08 父母去世后，所欠债务需要子女偿还？　196

09 临危“授命”，口头遗嘱一定有效吗　200

10 孩子闯祸，家长有不可推脱的责任　204

11 人工授精，“特殊”孩子的继承权不特殊　208

第六章 PART SIX

日常消费篇

保证权益,做最明白的消费者

01 别让“最终解释权”剥夺你的权利 215

02 当明码标价遇上擅自涨价 219

03 定金与订金的那些事儿 223

04 赠品也要保证质量和权益 226

05 送货上门,出现质量问题也能退换吗 231

P A R T　O N E　第 一 章

恋爱结婚篇
结成姻缘的不二“法”门

01

婚前的花销归属是非题

婚姻场上的那些事儿：

刘婷婷和韩斌是一对热恋情侣，恋爱中的男女往往不分彼此，每次刘婷婷看上哪件衣服、哪双高跟鞋，又或是对某专柜新上市的首饰目不转睛之时，韩斌即便收入不多，也都会一一满足刘婷婷的要求，两人的关系也愈演愈烈，韩斌还上门见过了刘婷婷的父母，并送上了结婚的8万元礼金。

但刘婷婷的心中，却总有隐隐的忧患。相识两年来，她渐渐发现自己与韩斌的性格并不那么默契。韩斌高兴时对刘婷婷百依百顺，心情不佳时却很容易对她恶语相向，甚至还有动粗的架势。虽然事后韩斌都会道歉，但几次争吵下来，刘婷婷有些心灰意冷，在一次激烈的争吵过后，她终于下定决心，对韩斌提出了分手。

韩斌一时接受不了这个现实，要求刘婷婷补偿这两年恋爱中的花费，算下来居然有4万多元，此外还有8万元礼金，也要一并偿还。

枕边说“法”

恋爱之时，男女双方多少都会产生相关的花销。男方给女方购买礼物，或者赠送表达爱意的物品，也是很多情侣之间的常事。但是当爱情远去、热情不再时，相互间为恋爱时花销以及给付财务问题，往往会产生纠纷。但法律上并没有针对恋爱期间花销偿还的规定，换句话说，韩斌要求刘婷婷补偿恋爱花销的做法，是得不到法律支持的。在恋爱时期，其中一方无偿赠予对方的物品以及财产，不适用于返还，其中赠予的物品都归受赠人所有，也没有补偿一说。

但是，对于男女双方在准备结婚时的彩礼，法律却有着明确的规定。

《中华人民共和国婚姻法》若干问题的解释（二）

第十条　当事人请求返还按照习俗给付的彩礼的，如果查明属于以下情形，人民法院应当予以支持：

（一）双方未办理结婚登记手续的；

（二）双方办理结婚登记手续但确未共同生活的；

（三）婚前给付并导致给付人生活困难的。适用前款第（二）、（三）项的规定，应当以双方离婚为条件。

也就是说，韩斌交付给刘婷婷家人的8万元礼金，是有权利要求刘婷婷归还的。

幸福“法”宝小支招

任何婚姻都需要以恋爱为基础，从客观的角度看，在恋爱时不应添加过多的金钱色彩。但金钱关系却又与我们的生活息息相关，恋爱过程中难免会与金钱打交道。尤其女性在处理对方赠送的贵重物品时，应该慎之又慎。对于分手后一方向另外一方索取财务补偿的行为，更应该提高警惕。

恋爱之时，给付财物需定性

在恋爱之时给付的物品以及钱财应如何定性呢？首先应当提前了解给付人的主观意愿，如果行为人明确表示是赠送，则应当尊重其意思。

其次，如果行为人没有明确的主观意愿，根据价值不同而区别对待，如恋爱期间的给付的首饰，一般都可以认定为赠与；日常消费，如吃饭、看电影等，也可认定为赠与；甚至小额的资金支付也可以认定的赠与。但是，如果是大额资金的给付，在行为人没有明确赠与意思时，一定不能认定为赠与，同时还需根据行为人给付的时间、当地习俗来认定是否属于彩礼。

单纯的恋爱，也需以结婚为前提

恋爱时的花销都有一定的主观因素。对一般人来说，往往在交往的后期，男女双方逐渐确定关系之后，才会构成以结婚为目的的恋爱，很多男性在回顾当初的赠送之时，都会说：“在一起的时候，我其实一直都没想过要她还。”可是在恋爱告吹之后，有一些男性难免心有不甘、寻求补偿。因此女性在恋爱时不仅要多多考察对方，同时在不完全确定对方是可以结婚的对象时，也尽量不要接受对方赠与的昂贵物品或财产，以免将来因为此事而发生纠纷。

谨慎收取结婚礼金

与恋爱时的日常生活花销不同，法律对于礼金偿还有明确的规定。所以如果对婚姻没有确定的打算，那么千万不要贸然收下男方的礼金，否则一旦中途改变了主意，女方就必须偿还这部分财产。与其与男方在归还礼金的事项上发生纠纷，不如在决定婚姻大事时更加谨慎。

02

未婚同居分手时的财产纠纷处理

婚姻场上的那些事儿:

几年前，李琳在一次老乡聚会中认识了关亮，不久就一起约会、看电影、吃饭，建立了恋爱关系。为了减少开支，两人开始了同居生活，在一个高档小区租下了一套小居室。因为关亮的收入相对较低，李琳承担了大部分的房租。为了将小家装扮得更温馨，她又花1万多元钱将小居室装饰了一番，并买回了冰箱、洗衣机等电器，关亮仅仅承担小区的物业管理费、宽带费、数字电视费等支出。而关亮的母亲突发重病，李琳二话不说，从自己积蓄中拿出了8万元，让关亮寄回家救急。

不知不觉，两个人一起度过了3年的时光。李琳觉得自己的年龄不小了，开始催促关亮准备结婚。可关亮觉得自己事业还不成熟，而且买房子的钱还没攒起来，找尽各种理由推脱。在李琳的紧逼之下，关亮迫于压力提出了分手。李琳没有想到自己3年的苦心经营，等来的却是分手通知，她觉得关亮一直都在欺骗自己，一气之下向法院要求关亮偿还这段日子以来的所有支出，并且提供了详细的支付证据和记录，李琳的要求是否有法律依据支撑呢？

枕边说“法”

与普通的恋爱相比，同居关系又显得更加亲近，无论在当事人还是旁观者看来，常常会觉得就是“一家人”，在这种关系之下，财产混合使用的情况也非常常见。可是在我们的现行法律之下，并没有关于同居关系的规定，只规定了同居关系财产、子女抚养纠纷一个案由，而在解决同居产生的财产纠纷时，一般作为普通的债权债务关系处理。当分手后，一方要求另一方返还在同居期间支出的财产，可以根据以下三种案由来界定：

1. 借贷关系。**原告需要取证**证明双方曾约定的给付财物是**借给对方**使用的，也就是存在明确的借贷法律关系。

2. 赠与关系。由于恋爱关系的亲密性和对婚姻的渴望，赠与关系也是同居财务问题上最符合事实的一项。在两人结婚不成而分手的情况下，如果有**书面上的约定**，即合同，一方可以要求另一方返还赠与财产。

3. 不当得利。由于在借贷和赠与上的举证困难，很多同居分手后的情侣，很多当事人就一不当得利为由起诉另一方要求偿还财产。在《民法通则》第九十二条规定：没有合法的根据，取得不当利益，造成他人损失，应当将取得的不当利益返还给受损失的人。

而案例中的李琳因为有着明确的支付证据，在同居的财产处理上可直接**参照借贷关系**这一条来处理，同时还能为自己争取相应的权利。

幸福“法”宝小支招

在恋爱同居的财产纠纷处理，是基于双方存在“类似婚姻”关系的特性，很多当事人都没有从法律的角度充分认识双方的身份关系，在发生财产纠纷的时候，作为原告的一方，只要有确凿的证据就能向法院提出诉讼，向对方索取之前支出的财务。但是也有不少人忽略了这一点，这种情况不是因为法律制度不完善，而是由当事人法律意识不强而造成的。因此女性在跟对方同居时，不妨多留几个心眼，否则，发生财物的纠纷就只能由自己承担不利的法律后果。

方法一：给付 & 借贷要留有证据

由于恋爱同居关系的特殊性，在恋人之间很少会出现打借条、写收据或者留有相关给付的证明。不过，女性朋友们为了更好地保护自己的权益，在对方认可的条件下，不妨留个心眼，在银行转账给对方时留下**转账凭证**，给付对方现金时留下借条，在为对方购买贵重的生活用品时将**发票**妥善保管起来。如果对方不肯写下借贷的收条，可以采取**录音**的方式，给自己留下有力的证据，以免将来分手后产生财物纠纷，而这些最终会成为捍卫自己权益的有力证据。

方法二：明确双方的关系性质

在同居时，两人吃喝住都在一起，越是这样越要明确双方的关系性质。在给予对方财物的时候可以附加一体的条件，比如，是建立在结婚的前提下，才支付对方每月生活费；或者约定在双方解除恋爱同居关系之时，受赠方必须返还全部或部分相关财产。尤其是在大额的支付上，越要明确两人的关系性质，一时的疏忽，将来吃亏的可是自己。

---- 03 ----

不再被承认的“事实婚姻”

婚姻场上的那些事儿：

杨芳和刘洋恋爱3年之后，举行了一场风风光光的结婚典礼，亲戚朋友们都来道贺，恭喜这对情侣终于组成了一个小家庭。但由于杨芳的户籍在外地，在领结婚证的手续上比较麻烦，再加上两人平时工作都很忙，没有时间去办理繁琐的手续。杨芳觉得反正婚礼都办了，也住在了一起，就是名正言顺的夫妻，结婚证过段时间再办也不迟，领证的事情就暂时搁置了下来。这么一搁置，就是1年多。

刘洋从事的是销售工作，经常需要在外地东奔西跑，但令杨芳万万没有想到的是，刘洋回家的次数越来越少，凭着女人的直觉，她感到刘洋一定是有了外遇。事情果然不出所料，刘洋不久就跟杨芳道出了实情，说自己有了新的女朋友，要跟杨芳分手。

杨芳大受打击，难过之下要跟刘洋提出离婚。谁知在向做律师的老同学咨询时，对方告诉她：因为没有领结婚证，他们的婚姻是不受法律保护的，这种关系根本不被法律认同。杨芳愣住了：自己与刘洋已经在亲戚朋友们面前举行过婚礼，而且也一起住了1年多，怎么可能连婚姻都不算呢？

枕边说“法”

许多人都有这样的误解，觉得只要举行了婚礼或是共同居住了一段时间，就是被法律所承认的事实婚姻。但实际上，在新《婚姻法》中**已经取消了事实婚姻的说法**。也就是说，现在的法律不承认事实婚姻，只承认有合法手续，并且在民政部门已经登记的婚姻关系，而事实婚姻这种情况一律被视为非法同居，关于它的处理在新《婚姻法》对非法同居中部分关系也有所规定：

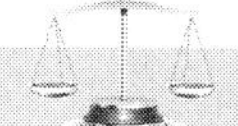

《中华人民共和国婚姻法》若干问题的解释（二）

第一条　当事人起诉请求解除同居关系的，人民法院不予受理。但当事人请求解除的同居关系，属于婚姻法第三条、第三十二条、第四十六条规定的“有配偶者与他人同居”的，人民法院应当受理并依法予以解除。

在婚姻法的第三条、第三十二条、第四十六条规定的情形中，都是有配偶而与他人同居的状况，具体来讲是有配偶者与婚外异性，不以夫妻的名义，长期而稳定地共同居住着。这也就是说，基于以上三条情况之外的事实婚姻并不受到法律的保护，即便当事人请求法院解除同居关系，法院也不会受理。但是，如果双方产生了财产分割和子女纠纷，协商不成，则可以向法院提起诉讼，同时有相应的法律解释：

《中华人民共和国婚姻法》若干问题的解释（一）

人民法院审理宣告婚姻无效案件，对婚姻效力的审理不适用调解，应当依法作出判决；有关婚姻效力的判决一经作出，即发生法律效力。涉及财产分割和子女抚养的，可以调解。调解达成协议的，另行制作调解书。对财产分割和子女抚养问题的判决不服的，当事人可以上诉。

由此可见，一旦女性在“事实婚姻”中与对方产生**财产分割和子女纠纷的问题**，还是可以寻求法律上的帮助，同时争取到自己应有的补偿。

幸福“法”宝小支招

很多“事实婚姻”最后都以分手而惨淡收场，最终走入婚姻殿堂的占少数。可是如果不在婚前提前检验这个男人是否可靠，而冲动地去领了结婚证，也会让女性很受伤。如何在事实婚姻中客观的审视两人的关系，让女性的伤害减少到最小呢？

方法一：给付钱财，适当保留“后路”

因为“事实婚姻”在法律上就属于非法同居的范畴，因此在财产也不能按照夫妻共同财产来参与和非配。在碰到对方工作上、生意上、家中需要用钱之时，给予钱财的资助是人之常情，但是最好不要全盘掏出，适当留一点也是给自己留一条后路。同时在支出大笔财产时，也要尽量保留相应的证据，以防感情生变之后对方不认账，也好凭此证据来求助于法律的支持。

方法二：确定关系后，尽早领结婚证

因恋爱而产生的同居，继而就会转移到事实婚姻的境界，可是这样到底好不好呢？这是一个辩证的问题，在确定结婚之前，当然需要好好考察对方一番，但千万不要满足于同居的现状，同居的时间越久，之后的生活越容易被对方所说服，因为脱离了法定结婚证的束缚，对方并不会像婚姻中的夫妻一样忠于对方，他们很可能更关注自己的利益。一旦对方出现不忠的行为，女性往往会受到更大的伤害。

因此，无论是出于什么目的而在一起的同居生活，都要尽量将时间缩短，同时也千万不要被男性的花言巧语迷惑或是因为手续繁琐，而忘记或延误去领结婚证，这是对自己利益的最大损害。

04

婚约，没有法律效力的约定

婚姻场上的那些事儿：

在同乡好友的介绍下，杨丹和邓平在一次聚会中相识了，彼此对对方的感觉都还不错，交往一段时间之后，就确定了恋爱关系。两情相悦之时，杨丹发现自己怀孕了，邓平也高兴不已，但事务繁忙的两人忽略了去民政局领结婚证的事，只一心一意地期待着即将到来的小生命。

为了给女方一个说法，邓平在杨家人的要求下立了一个婚约，同时还举行了简单的订婚仪式。杨丹此时也高兴地沉浸在即将要做妈妈的喜悦中，邓平的母亲也专门从外地赶来照顾杨丹。谁知好景不长，由于未来婆婆和杨丹的生活习惯不一样，常常出现矛盾，还为了各种各样的生活琐事吵架。邓平觉得杨丹不尊敬自己的母亲，而杨丹也满腹委屈，觉得自己怀孕辛苦，却还得看未来婆婆的脸色。

宝宝出生之后，由于在宝宝喂养上有着更大的分歧，杨丹和未来婆婆的矛盾更加激烈，与邓平的关系也日趋恶化。终于在宝宝足月之后，邓平提出了分居。突如其来的打击让杨丹心里非常难受，想想至今两人都没有申领结婚证，还有了一个孩子，当初以为有了孩子之后两人的感情会更好，想不到却导致了今天这样的结局。

枕边说“法”

相爱的两个人最终都要走入到婚姻的殿堂，可是这条路该走多久呢？如果中间出现小岔子怎么办？保留着当初的一纸婚约能给自己争得相应的权益吗？答案是否定的，因为婚约不具有相应的法律效力，两人的关系也不是被法律所承认的婚姻关系。法律上只认定一种婚姻关系，那就是在民政局的婚姻机关登记而领证的。

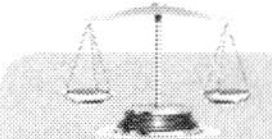

《中华人民共和国婚姻法》

第八条　要求结婚的男女双方必须亲自到婚姻登记机关进行结婚登记。符合本法规定的，予以登记，发给结婚证。取得结婚证，即确立夫妻关系。未办理结婚登记的，应当补办登记。

这也就是说，婚约不能承认两人的婚姻关系，从法律的角度看，也没有任何的意义。虽然婚约是以结婚为目的而制定，并且双方事先约定好了，但是没有任何的法律约束力，即便周围的亲朋好友都觉得你们就是夫妻，如果不符合我国《婚姻法》的相关规定，这种婚姻关系就是不存在，同时还可以单方面解除。

幸福“法”宝小支招

很多对《婚姻法》认识不足的女性，会误以为婚约也具有相关效力，其实这是一种对自己不负责任的想法。既然**婚约不被法律所认可**，那么也代表着两人的关系不被法律保护，一旦感情出现危机、关系破裂，对方只需轻易地转身离开，这时女性的权益根本无法得到保证。因此，女性要想在通往婚姻殿堂之路上避免受到伤害，领取结婚证非常必要，绝对不能指望婚约作为依靠。

不提倡私定，也不禁止私定

我国对婚约的态度一向是不提倡，但也不禁止。当然，为了稳固双方的关系，在双方都认同的情况下，可以指定相关的婚约，当事人也能够努力促成婚姻成立的关系，不过，女性朋友们千万不要仅仅满足于此，而疏忽了去领结婚证，换句话说，法定无效的婚约，哪怕当时人自己再怎么认真都是毫无意义，如果将来有一天为了此事而对簿公堂，婚约也无法成为婚姻的凭证。

尽早将婚约关系转化为婚姻关系

如果在父母的要求下已经举行了订婚的仪式，之后也要及时去领结婚证，虽然双方的感情比任何的凭证都重要，但是拥有一个较有法律效力的形式对双方更有保障。同时对待婚姻之事也更要想清楚，不要遇到一点小问题就草率地提出分手，或者觉得对方不是自己的理想结婚对象。其实每个人都有缺点，只要能够对感情忠诚并相互尊重，互相包容迁就才是相处之道。

05

婚前财产的认定与处理

婚姻场上的那些事儿:

今年底,晶晶终于接受了男友的求婚,结束了将近4年的爱情长跑,就要迈入婚姻殿堂了,她心中的喜悦难以言说。可是,这谈婚论嫁的过程却让她有些疲惫。

晶晶是独生女,是老爸老妈的掌上明珠,两老当然想让女儿过上最美满的婚后生活,于是悄悄给了晶晶一笔丰厚的嫁妆,加上晶晶大学毕业后这几年在投资公司的工作,也积攒了不少的存款,加起来有40多万元,这可不是一笔小数目。老妈私下告诫晶晶:这可是婚前财产,一定要牢牢守好了。

晶晶知道这笔钱来之不易,加上看过不少离婚财产纠纷的新闻,心里的顾虑着实不少。翻翻相关的法律书,上面写着“婚前财产”是属于个人的，即使婚姻出现问题，婚前财产也不会被剥夺，可钱这东西毕竟是要花出去的，将来两口子在一起过生活，哪会把各自财产分得那么仔细？想去做个婚前财产公证，却又害怕伤了男友的感情。

枕边说“法”

婚前财产的认定，一直是许多处在婚期中的女性最为关注的话题之一。无论男方还是女方，在婚前多少都会拥有一定的财产。不少人在结婚时因为害怕伤害彼此间的感情，往往对这些财产没有进行妥善处理，一旦婚姻发生变故，就很容易造成财产的损失。

《最高人民法院关于适用〈中华人民共和国婚姻法〉若干问题的解释（一）》

第十九条　婚姻法第十八条婚前财产规定为夫妻一方所有的财产，不因婚姻关系的延续而转化为夫妻共同财产。但当事人另有约定的除外。

从这一条解释来看，夫妻不论结婚多少年，一方婚前财产仍归一方所有。而具体来说，可以分为以下四类：

1. 婚前个人所有的财产，如工资、奖金，从事生产、经营取得的收益，知识产权的收益，因继承或赠与所得的财产、资本收益以及其他合法收入。

2. 一方婚前已经取得的财产权利，如一方婚前获得预售房屋的产权而且完全支付了房款，婚后才实际取得该房的所有权。

3. 婚前财产的孳息，包括个人财产婚前孳息和婚前个人财产婚后产生的孳息。

4. 一方婚前以货币、股权等形式存在，而婚后表现为另一形态财产。如一方婚前的个人积蓄婚后购买的有形财产，股权转为了货币，这只是原有的财产价值形态发生了改变，其价值取得始于婚前，应当认定为一方的个人财产。值得注意的是，婚前的个人财产在共同生活中自然毁损、消耗、灭失的，离婚时，不能要求以共同财产或要求另一方以其个人财产进行抵偿。而对于用婚前个人财产婚后从事投资、经营，或者婚前投资婚后获得分红，则应认定为夫妻共同财产。

幸福“法”宝小支招

当今社会，女性已不再是男性的绝对附庸，许多女性在婚前就拥有自己的不菲财产，这对于极度缺乏安全感的女人来说，这笔财产可谓是幸福的保障之一。可是，如果不对这笔婚前财产进行预先的管理和安排，万一未来婚姻生变，就可能造成这部分财产的损失。

当然，许多人都认为，婚前财产公证是一种极好的方法，能对婚姻中出现的各种财产纠纷进行具体防范。但是在目前我国国情之下，许多人对于婚前财产公证还有着偏见与抵触，人们往往担心它会造成夫妻间的隔阂。所以，也可以寻找一些另外的方法，来维护自己的婚前财产。一般来说，可以通过购房、购买保险及股权的方式来进行。

方法一：购买住房，不动产给你最大安全感

根据法律规定，一方在婚前购买的房产，属于个人婚前财产。比如案例中的晶晶，就可以用手上这笔 40 万元去全款购买一套较小的房产。如果能对

这份房产进行公证，自然是最为保险；但也可以不公证，只要能出示这份房产是在婚前购买的证据即可，包括购房合同的日期、缴纳房款（定金、首付）的日期、房产证登记的日期等，这些证据一定要在买房后保存好，比如在银行开设一只个人保管箱，将这些材料放入其中，以备不时之需。

当然，如果这笔婚前财产数目不大，不足以全款购买，也可以采取按揭的方式。但需要注意的是，如果将来婚姻生变，在分割财产时，房屋的产权仍然属于晶晶，但偿还贷款的部分就需要作为夫妻共同财产来处理了。

方法二：购买保险，保护平安更保护幸福

除了购房之外，购买保险也是一种可以考虑的处理方式。不少女性虽然婚前有那么一小笔财产，但却不足以购买一整套房屋，又不愿按揭买房，那么这时不妨看看是否有需要购买的保险产品。许多人对保险有着抵触心理，但实际上，一份有着正规手续的保险却是现代社会的最佳理财方式之一。

在这种情况下，有两种保险是你的最佳选择：首先是保障型的保险，这类保险主要是为了应付不可预知的疾病或意外，购买保险可以针对这些意外早做准备；其次是基金型的保险，能在获得基本保障的同时，也流出一定的理财空间。

此外需要注意的是，婚前购买保险只有一次性付清保费，才能作为个人婚前财产；而如果婚后仍然在交保费，那么婚后所交的保费就是夫妻共同财产。

06

婚前协议的是与非

婚姻场上的那些事儿:

郭婷婷今年26岁，在一家外资公司做出纳工作，30岁的未婚夫何阳则经营着一家自己的小公司。在相恋了3年之后，两人终于决定结束同居生活，走到合法婚姻的大门，并且约定在下月的2号去领结婚证。

在领取结婚证的前一晚，郭婷婷从抽屉中拿出写满条条框框的两张A4纸，递到何阳面前，在这一份婚前协议中还用粗体特别标注：如果男方在婚后出现婚外情的状况，一经发现，并且属实，需赔偿女方20万精神损失费，并且“净身出户”；此外，还有吵架时无条件首先认错，不允许出现不理女方的情况……

何阳把这份协议的条款看完，气得不知说什么才好，他没有想到这场婚姻还没有开始，郭婷婷就对自己提出了这么多要求。他没好气地对郭婷婷说："如果你这么专横，并且不信任我的话，我们还是分手好了，这样的婚姻一点意思都没有。"

枕边说"法"

说到婚前协议，很多人在脑海中会有一个比较模糊的概念，它主要是指即将结婚的男女双方为结婚而签订的、在婚后生效并且具有法定约束力的书面协议。比如两人在结婚之前就分清楚对于双方的财产、双方父母赡养问题、孩子抚养问题、个人财产问题以及可能造成离婚的相关规定，这些都属于婚前协议的范畴。

虽然在上面的例子中，女方所制定的婚前协议有不妥之处，但是**只要不违反法律**，并且最后**能够得到另一半的认同**，那么这样的婚前协议就能**具备法律效力**，而且对两人的婚姻关系也有着积极的引导作用。如果其中涉及财产的分割，在法律上也有相应的规定：

《中华人民共和国婚姻法》

第十九条　夫妻可以约定婚姻关系存续期间所得的财产以及婚前财产归各自所有、共同所有或部分各自所有、部分共同所有。约定应当采用书面形式。没有约定或约定不明确的，适用本法第十七条、第十八条的规定。

因此我们可以知道，婚前协议并不是洪水猛兽。不妨试着摒弃对婚前协议的不良看法，如果婚后生活不幸福，在面对离婚的结局时，如果手中拥有一份明确并且有法律效力的婚前协议，就能有效保障自己的权益，而不用担心自己的权益被对方所侵犯。

幸福“法”宝小支招

签订婚前协议的做法在国外非常流行，国内年轻人的观念也在慢慢改变，签订婚前协议的人群也越来越多。不过，很多人在婚前协议中制定的内容却五花八门，大到各种经济条款，小到夫妻生活的细枝末节，比如婚后的家务归属、婚后不准跟家人以外的异性有过分的亲昵举动等，这些条款是否都具有法律效力呢?

事实上，只要婚前协议制定的总前提是为了婚姻的和谐长久而考虑，其中涉及的内容不违反我国的法律，或者相应的行政法规，代表了两个人真实的意图，其协议的内容都会受到法律保护。不过在制定和签订婚前协议时，也有一些需要注意的事项。

签订婚前协议要双方自愿

随着女性在法律意识上的加强，很多婚前协议都是由女性提出来，有些男性沉醉在走入婚姻殿堂的喜悦中，会马上签订协议；但是也有一些男性会无法接受协议的存在，觉得伤感情。在这种情况下，女性千万不要表现得太强势，或者逼迫对方签订，否则确实对感情不利，或者即便这结婚证是领了，但仍然会在男方心中留下阴影。因此，一定要避免逼迫对方签订协议。如果对其中条款有争议的地方，最好能和平商定。

婚前协议要以法律为准绳

倘若协议中有着“如当一方提出离婚，则须放弃一切，如现金、房产等”等类似条约，都是不符合我国现行法律的。在我国《婚姻法》第四十六条明确规定：有下列情形之一，导致离婚的，无过错方有权请求损害赔偿：（一）重婚的；（二）有配偶者与他人同居的；（三）实施家庭暴力的；（四）虐待、遗弃家庭成员的。这也就是说，虽然婚前协议代表了两人的真实意图，并且是自愿签订，但一定要与我国法律相符合，才能真正获得法律上的认可，所以女性朋友在制定婚前协议时，也要多看看法律，不要制定一些仅凭主观意识而定的协议条例。

07

这样的婚姻关系可以撤销

婚姻场上的那些事儿：

孙晨和男友李阳已经相恋了4个年头，虽然曾经因为两人的性格问题分分合合了许多次，但最终两人还是在一起生活着。正当李阳向孙晨透露出结婚的打算，准备着手婚礼的操办时，孙晨却拒绝了李阳的要求，觉得两人性格不合，即使结合在一起，以后也不可能得到真正的幸福。

情急之下，李阳威胁孙晨，如果不跟他结婚，也休想跟别人结婚。如果孙晨不答应，他就闹到孙晨的单位去，还会把以前在一起拍摄的亲密照片发到网上……孙晨在李阳的强逼之下，只好无奈地同意成婚。婚后不久果不其然，两人时常发生争吵，实在无法再忍受下去的孙晨，请求向法院撤销跟李阳的婚姻关系，这样的情况法院会受理吗?

枕边说“法”

对于孙晨遭受到的这种婚姻情况，法院是会接受诉讼请求的，因为在我国的《婚姻法》上关于可撤销的婚姻有着具体的规定：

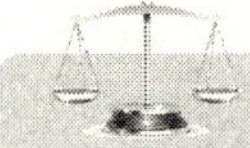

《中华人民共和国婚姻法》

第十一条　因胁迫结婚的，受胁迫的一方可以向婚姻登记机关或人民法院请求撤销该婚姻。受胁迫的一方撤销婚姻的请求，应当自结婚登记之日起一年内提出。被非法限制人身自由的当事人请求撤销婚姻的，应当自恢复人身自由之日起一年内提出。

由此可见，只要是遭受到胁迫的婚姻都是可撤销的，可是很多女性朋友对于法律上关于“胁迫”一词的界定还不明确，这一点在婚姻法的解释中也有着相关的说明。

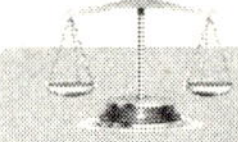

《最高人民法院关于适用〈中华人民共和国婚姻法〉若干问题的解释（一）》

第十条　婚姻法第十一条所称的“胁迫”，是指行为人以给另一方当事人或者其近亲属的生命、身体健康、名誉、财产等方面造成损害为要挟，迫使另一方当事人违背真实意愿结婚的情况。

因受胁迫而请求撤销婚姻的，只能是受胁迫一方的婚姻关系当事人本人。

只要是涉及对当事人以及当事人的家属健康、名誉和财产方面造成威胁性的要挟，就符合我国《婚姻法》规定的法定情节，法院就会受理，也会支持受胁迫人的请求，并且保护其合法的权益。

幸福"法"宝小支招

因为自由恋爱而顺利成婚是一件美好的事，但由于现代社会人际关系的复杂性，仍然会出现一些非自愿结婚的情况。比如女性受到要挟，或者迫于对方所给的压力而无奈地结婚。现代女性如何在婚前采取一些手段，避免这种成婚方式呢？

挑老公一定要"火眼金睛"

在结婚的过程中，有很多的人因为各种各样的原因，而猝不及防地踏入婚姻的殿堂，除了其中感情的因素之外，有些甚至还有男友专横的胁迫。

发生这种情况，很多人不禁问自己："为什么我会遇到这样的人？"其实你应该责备自己，为什么一开始你没有发觉他的真面目，而一个值得结婚的对象，往往从他对朋友、对小孩、对家人、对工作、对金钱的态度上可以看出，比如一个女性朋友很多的男人，或者一个没有朋友，或者对朋友存有异心的人，都是不值得浪费时间的对象。

勉强答应，只会害了自己

而对于一些性格比较软弱的女性而言，会妄想着先答应对方的要求，之后再慢慢脱身，或者婚后他一定会变好等想法，都不切合实际。因为，你们的婚姻一开始就建立在他强你弱的基础上，之后的生活你很难扭转到主导的位置，最后只会在这段苦涩的婚姻中吃尽苦头。当然千万不要灰心，可以寻求法律或者妇联的帮助，从婚姻的根本上解救自己，撤销这段不堪回首的婚姻关系。

08
竹篮打水一场空的欺骗婚姻

婚姻场上的那些事儿:

杨雪是个漂亮的大三女生,在一次高校活动中认识了自称是某科技公司的老总郑坤,虽然郑坤大杨雪12岁,但对方每周都给杨雪买玫瑰花,出去约会也都去一些高级的西餐厅,在商场给杨雪买衣服也非常的阔绰,在这种强烈的爱情攻势之下,杨雪不知不觉就坠入了爱河。

郑坤同时还许诺,下个月两人就去欧洲旅游,让杨雪也不用毕业担心找工作的问题,直接去自己的公司任职。在对方甜言蜜语的攻势下,杨雪迷失了自我,甚至同意了跟对方去领结婚证。

可是不久,杨雪就发现了郑坤背后的真相。原来郑坤并不是公司的老总,只是一个小职员,在郑坤的身上还背有不少的债务。郑坤为了制造自己是老总的身份，每次为杨雪花的钱都是找朋友借来的，这让杨雪觉得无法接受，想不到自己憧憬的婚姻居然是一场骗局，这样的婚姻在法律上能够不算数吗？

枕边说“法”

在我国的《婚姻法》中，**只有可撤销婚姻和无效婚姻**的划分，而杨雪遭受到的这种婚姻欺骗，都不属于这两者范畴之中。

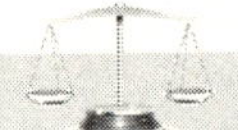

《中华人民共和国婚姻法》

第十一条　因胁迫结婚的，受胁迫的一方可以向婚姻登记机关或人民法院请求撤销该婚姻。受胁迫的一方撤销婚姻的请求，应当自结婚登记之日起一年内提出。被非法限制人身自由的当事人请求撤销婚姻的，应当自恢复人身自由之日起一年内提出。

第十条　有下列情形之一的，婚姻无效：

（一）重婚的；

（二）有禁止结婚的亲属关系的；

（三）婚前患有医学上认为不应当结婚的疾病，婚后尚未治愈的；

（四）未到法定婚龄的。

只有在包含可撤销婚姻和婚姻无效的范围内，法院才会接受其诉讼请求，否则均不属于这两种范围之内。法院会对采取欺骗的手段与另一边结婚的，根据不同的情况给予不同的认定，如果隐瞒了自己的客观情况，如重婚、不应当结婚的疾病等，又或者是胁迫对方促成的婚姻，依据以上《婚姻法》的规定，都可以判定婚姻无效；但是如果**仅仅只是隐瞒了自己的真实经济条件**等信息，这样的婚姻**就是有效婚姻**，没有算不算数一说，只能够向法院申请离婚。

幸福“法”宝小支招

据英国调查显示，几乎有48%的男性和女性都曾欺骗过对方，这其中有多少谎言是善意，有多少事恶意，其实很难界定，但是当事人无一例外地都从中受到了伤害。女性朋友在恋爱之初，如何防范对方“高深莫测”的欺骗性谎言呢？

方法一：拥有正确的价值判断

如果男人把自己多余的东西给你，你千万不要欣喜；如果他把市面上稀缺的东西送给你，这就代表着用心了。如果对方是一个有钱人，并不是他花大价钱买首饰送给你，就代表爱护你，要知道，有钱人往往都缺少时间，如果他愿意牺牲一下午陪你逛商场，精挑细选口红，那才值得感动。也就是说，不要沉迷于男性的物质攻势之中，也要看看他的举动是否表达真心。

方法二：不要轻易答应做对方的女友

如果你跟他只是见了几次面，或者仅仅是在咖啡馆邂逅了几次，总之，一切就好像刚刚开始，你们并不是熟络，突然之中，他就对你说，做我的女朋友吧，虽然你此时可能对他也有淡淡的好感，但是请不要那么急着答应他。要知道，来得太快的爱情往往消散得也更为迅速。答应得太快，会给对方造成你容易被哄骗的感觉，在之后的感情交往中，就很可能出现被对方轻视、受到欺骗的情况。

方法三：借钱要慎重

在很多欺骗婚姻之中，都会涉及男方找女方借钱的实例，有些确实需要金钱上的帮助，而有些纯粹是为了诈骗对方的钱财和感情。因此女性在交往之初，对自己的经济情况不要全盘托出，如果他真的资金周转困难，或者买房急需用钱，应该也会有自己的经济来源渠道，以及自己的亲友社交圈，而不至于仅仅向女友求助。**如果一个男人没有仗义的朋友，仅仅只有女友可依靠，这样的男人也不值得你托付终身。**

PART TWO 第二章

婚姻家庭篇

维护幸福，还需法律的“技术支持”

01

无效婚姻的财产是否也算共同财产？

婚姻场上的那些事儿：

董沁和李刚在去年春天就举行了结婚仪式，因为董沁的年龄比较小，没有办法顺利领到结婚证，于是董沁央求父母去改年龄而取得了结婚证。可是好景不长，在相处中，董沁渐渐觉得李刚不是自己想要找的终身伴侣，两人也经常发生争吵打骂，双方都觉得这实在是一场失败的婚姻。

心疼女儿的父母在征求了董沁的意见之后，向法院宣告申请了婚姻无效。可是两人在财产分配上面却存在着争议，比如在结婚前，李刚父母给儿子购买了一处商铺，现在商铺经营状况不错，而董沁觉得商铺经营的这么好，也有自己一份功劳，盈利属于双方的共同财产，现在婚姻无效了，但是不能剥夺其对财产的分割，而李刚却放言，婚姻都无效了，财产当然算个人。那么，到底这场无效婚姻产生的财产该如何分割才好呢？

枕边说“法”

无效的婚姻听起来有点不可思议，但这种情况确实存在。首先我们来看看法律上是如何界定无效婚姻的：

《中华人民共和国婚姻法》

第十条　有下列情形之一的，婚姻无效：

（一）重婚的；

（二）有禁止结婚的亲属关系的；

（三）婚前患有医学上认为不应当结婚的疾病，婚后尚未治愈的；

（四）未到法定婚龄的。

如果符合以上四条之一，就属于无效的婚姻。在无效的婚姻中，难免会产生财产的纷争，虽然婚姻无效，但是法律上还是给予相应的解释以及处理方式的指引。

《中华人民共和国婚姻法》

第十二条　无效或被撤销的婚姻，自始无效。当事人不具有夫妻的权利和义务。同居期间所得的财产，由当事人协议处理；协议不成时，由人民法院根据照顾无过错方的原则判决。对重婚

导致的婚姻无效的财产处理，不得侵害合法婚姻当事人的财产权益。当事人所生的子女，适用本法有关父母子女的规定。

《最高人民法院关于适用〈中华人民共和国婚姻法〉若干问题的解释（一）》

第十三条　被宣告无效或被撤销的婚姻，当事人同居期间所得的财产，按共同共有处理。但有证据证明为当事人一方所有的除外。

由此可见，在处理无效婚姻产生的财产纠纷时，也并非无法可依，只要证据确凿，本身所应该享受的财产也不会受到对方的剥夺，而两人在同居时产生的财产都应该属于共同所有的，所以女性在处理这类情况的时候，要极力争取自己应有的财产。

幸福“法”宝小支招

从法律的角度讲，因为无效婚姻不具有法律效力，因此在此期间产生的财产不能算为夫妻共同财产，只能按照一般共有财产分配对待，也就是说按照双方对共有财产的贡献比例大小来分割。而女性朋友们要保护自己在无效婚姻中的根本权益，实际上要从源头着手。

方法一：彻底杜绝无效婚姻

婚姻是人生中的大事，对待婚姻的态度也一定要慎重，婚姻的好坏，也直接关系着女性的未来生活。在恋爱时，一切感情都是感性的，但是自此之后，要更明确审视双方的关系以及实际情况，比如对方是否为重婚，是否已经达到结婚的年龄等，这些都是确定婚姻关系前所必须知道，如果忽视，可能你认为的婚姻关系实际在法律上就沦为无效，而你的相关权益也不会受到法律保护。

方法二：提前将财产明确化

不管是在认识之初，还是无效婚姻之时，这其中产生的财产最好能够明确化，比如证明财产与你有关，或者在你名下，同时有相关的证据证明你对此财产的产生也有贡献，财产属于共同拥有的财产等。有些女性朋友会觉得谈钱伤感情、羞于向对方提起这类事务，其实大可不必。随着现代女性法律意识的增强，在处理这些问题上也要清醒果断，不要因为害怕对感情产生隔阂就对财产问题视而不见，因为在无效婚姻的后期产生的纠纷主要都是以财产分割为主。

方法三：婚姻无效，共同财产有效分割

有些女性朋友在知道自己的婚姻是无效之后，会想当然地觉得既然关系不受到法律保护，那么两个人的共同财产，也不能享受到夫妻共同财产的分割了。实际上，在《婚姻法》和《〈婚姻法〉若干问题的解释》中就已经说得很清楚，可以协商处理，也可以按照一般共同财产来分割。但是个人所有归个人所有，能分割的仅仅只是在无效婚姻时所得的财产。

02
住房公积金是夫妻共同财产吗？

婚姻场上的那些事儿：

5年的婚姻终于走到了尽头，王卉和吕江终究没能挽回这份感情，开始了协议离婚的历程。家里财产分割的大小事宜，基本上已经解决得差不多了，两个人都身心疲惫，可还有一件事情悬而未决，那就是住房公积金的分割。

王卉和吕江刚结婚时没有经济基础，婚后由于考虑到两人经常出差分隔两地，所以这几年来一直没有买房。王卉是私企员工，公司并没有缴纳过住房公积金；而吕江所在的是一家事业单位，公积金从来都是按时缴纳，而且从未支取过。就这么日积月累的，也成了一笔不小的数目。如今要离婚了，王卉觉得这笔公积金也有自己的一份，可吕江却不同意，觉得公积从未取出来过，又没有用于买房，根本不属于共有财产。

枕边说“法”

对于夫妻共同财产的认定，《婚姻法》第十七条是这样规定的：

《中华人民共和国婚姻法》

第十七条　夫妻在婚姻关系存续期间所得的下列财产，归夫妻共同所有：

（一）工资、奖金；

（二）生产、经营的收益；

（三）知识产权的收益；

（四）继承或赠与所得的财产，但本法第十八条第三项规定的除外；

（五）其他应当归共同所有的财产。

在《婚姻法》第十七条中，没有对住房公积金是否属于夫妻共同财产的明确认定；但在《最高人民法院关于适用〈中华人民共和国婚姻法〉若干问题的解释（二）》的第十一条中，则对这个问题进行了明确的解释：

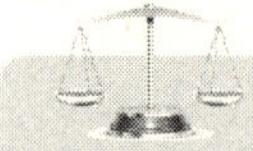

《最高人民法院关于适用〈中华人民共和国婚姻法〉若干问题的解释（二）》

第十一条　婚姻关系存续期间，下列财产属于婚姻法第十七条规定的“其他应当归共同所有的财产”：

（一）一方以个人财产投资取得的收益；

（二）男女双方实际取得或者应当取得的住房补贴、住房公积金；

（三）男女双方实际取得或者应当取得的养老保险金、破产安置补偿费。

由此可见，住房公积金正是《婚姻法》中所说共同财产的第五类——其他应当归共同所有的财产，属于夫妻的共同财产。

幸福“法”宝小支招

为什么住房公积金和住房补贴都属于共同财产？这是由它们的性质决定的。住房公积金是一种个人积蓄、单位资助、统一管理、专项使用的住房长期储金，实际上就是平时收入的储备；而住房补贴同样，也属于工资的一部分。所以对于这部分财产，婚姻中的另一方都是有权力分割的。可是，在具体的现实生活中，要想分割这部分财产，却是一件有点复杂的事。

公积金，以补偿金额的方式分割

如果对住房公积金有所了解，你就会知道，这笔财产不是想取就能取的。许多家庭在面临离婚之时，对于公积金的分割却极其容易发生矛盾和争执，那就是因为公积金由于其性质的限制，往往无法在离婚时就取出、进行分割。所以一旦遇到离婚财产分割问题，如果你打算直接与丈夫分割公积金，往往是不现实的。

在这种情况下，一般会以补偿金额的方式来分割。也就是说，可以通过“折抵”的方法。比如丈夫现有20万元的公积金，按照协议或调解，妻子可以分割其中10万元，但这笔钱无法从公积金账户中取出，那么可以要求丈夫给予现金或其他财产的补偿，比如丈夫从自己的其他财产中取出10万元，又或者以汽车、股票等来补偿。总之，公积金的分割需要你根据家庭的实际情况来提出要求，可千万别直接找上公积金管理中心，现取公积金、进行“就地分割”是不现实的。

不予补偿？必要时申请强制执行

由于公积金这笔共同财产的分割是如此的复杂，要通过其他折抵补偿的方式，所以往往会导致“一波三折”的困难，有些人会借此对补偿一再推脱、逃避这部分财产的分割。有许多女性甚至在离婚许多年之后，仍然无法“追讨”到这笔应得的财产。

为了防止这种问题的发生，在离婚协议或法院调解时，就一定要对这部分财产分割进行认定，并且保存好协议或调解书。如果对方之后实行“拖延战术”，女性就可以以此作为证据，以对方拒不履行支付义务为由，向法院申请强制执行。

03

父母出资买的房子，对方能分割吗

婚姻场上的那些事儿：

王佳和杨凯恋爱已经有5年了，但由于男方家中的经济条件不佳，两人迟迟都没有达成结婚的意向。杨凯觉得自己的事业还在发展阶段，还没有经济能力买房，但在王佳的执意要求下，两人最终还是决定先结婚。

心疼女儿的王佳父母，在王佳和杨凯领证前就出资购买了一套婚房作为给女儿的嫁妆。婚后的生活比之前要琐碎许多，两人也时常因为一些鸡毛蒜皮的小事而发生争吵，最终因为两人感情不和而协议离婚。而杨凯觉得王家父母为他们购买的婚房属于夫妻共同财产，即便离婚也应该作为共同财产而分割。王佳却觉得这套房子杨凯一分钱都没有出，现在却来跟自己争房产，这实在让她生气。

枕边说“法”

婚前由父母出资购买的房子，到底算不算夫妻双方的共同财产呢？其实在我国《婚姻法》的解释中有着明确的界定：

《最高人民法院关于适用〈中华人民共和国婚姻法〉若干问题的解释（三）》

第七条　婚后由一方父母出资为子女购买的不动产，产权登记在出资人子女名下的，可按照婚姻法第十八条第（三）项的规定，视为只对自己子女一方的赠与，该不动产应认定为夫妻一方的个人财产。

这就是说，不动产到底是否属于夫妻的共同财产要根据情况而定。比如，王佳父母为王佳结婚而在他们婚前购置的不动产，从法律上来看，属于对王佳的个人赠与，也就是王佳的个人财产；除非在父母赠与的过程中，有相关的依据表明，不动产是对王佳和杨凯的共同赠与，才在法律上被视为夫妻两人的共同财产。

幸福“法”宝小支招

几乎有一半的男女都觉得双方要有房子，有稳定的收入，有一笔的稳定的积蓄才能顺利成婚。当时刚刚才毕业不久的年轻人有多少人能达到这个标准呢？要房子还是要爱情，这是一个辩证的问题。如果父母赠与房产，肯定能够解燃眉之急，但是在此之前，你必须对这份房产的归属界定有着清醒的认识。

婚前房产划分明确

很多父母在给子女购买房产的时候，都倾注了自己全部的积蓄，但是作为房产的受益人，对于将来的问题一定要提前知晓，虽然在法律上房子属于你，但是可以再跟父母签订一个书面协议，即认定房产是单方面赠予给你。这个协议有助于保护你的合法利益，同时也能保证因为离婚问题而导致的家庭财产流失。

感情不要以房子为依托

两个人交往不要以房子为依托，因为感情和房子是两码事，要让两人的关系活在真感情里面，而不是被现实的物质条件而奴役，不管有或者没有父母给你们买的房子，对待另一方都要真心相待，这样的感情基础才会牢固，才能坚守住婚姻的考验，走的才会更长远。否则，受房子摆布的婚姻不会长久。

04

怀孕与刚分娩后，他不能提出离婚

婚姻场上的那些事儿：

两年前，刘欣和张洋在一次相亲会上相识。在没有认识刘欣之前，张洋已经谈过好几任女朋友，但都得不到父母的认可，而性格开朗、对人大方的刘欣，一下子就得到张洋父母的喜欢。

为了达成父母的要求，两人匆匆地结婚了。虽然恋爱时两人非常投缘，但真正生活到一起之后，他们才发现两人的爱好、性格、家庭背景等方面都不一样，在生活上谁也不让着谁，张洋觉得生活习惯受到约束，刘欣也觉得自己受了不少委屈。没过多久，刘欣怀孕了，张洋的父母非常高兴，可张洋却提出了离婚，并且态度非常坚决，还主张让刘欣打掉孩子，免得孩子以后生活不幸福，这日子他已经不想过下去了。想着张洋说的这番话，刘欣心里觉得痛苦极了，不知道该怎么办才好。

枕边说“法”

婚姻有着很强的不确定性，几乎没有一个人能够完全知道什么时候会出现婚姻破裂，就像没有一个人会知道什么情况下会离婚一样。不过，并不是在任何婚姻的过程中，都可以提出离婚二字，比如在女方正在怀孕期或者分娩后的一年，男方提出离婚，法院不会受理，即便是在双方感情破裂的情况下。

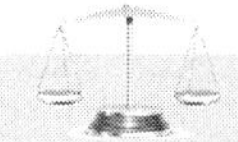

《中华人民共和国婚姻法》

第三十四条　女方在怀孕期间、分娩后一年内或中止妊娠后六个月内，男方不得提出离婚。女方提出离婚的，或人民法院认为确有必要受理男方离婚请求的，不在此限。

我国的法律在制定时，是建立在对妇女、儿童、老人等弱势群体保护的前提下，而处于怀孕或分娩中的妇女，在家庭生活中处于比较被动以及弱势的地位，加上生理上的特殊性，一旦婚姻关系发生变故，她们的利益就会直接受到侵犯，孩子的健康也会得不到保障。因此，我国的法律要求在妻子怀孕和分娩的过程中，丈夫都不能向法院提出离婚。

幸福“法”宝小支招

怀孕期和分娩期，几乎是女人心理上最开心也最脆弱的一段时间，如果这个时候遭遇到婚姻的打击，很多人在心理上和生活上都会遭遇艰难的境地。

虽然法律已经制定了明确的条文，用来保护处于这个阶段的女性，但为了更好地预防伤害的发生，女性朋友不妨在一开始就未雨绸缪，将丈夫提出离婚的可能性扼杀在摇篮中。

婚姻相处要宽容对待

美好的婚姻需要用心地经营，很多女性在婚后都会产生心理上的明显落差，觉得丈夫不再像恋爱期那样温柔体贴。其实这都是感情的自然状态，未必是丈夫对妻子的爱情由浓转淡，而是情感发展到了不同的阶段，自然要进入不同的相处模式。婚后的生活没有了恋爱期的激情四射，有的就犹如小桥流水一般平淡，这时候随着生活琐事的堆积，在相处中更要学会包容和迁就对方。两人都争强好胜，最后双方都会受伤，不如放下身段，适当迂回一下，也是婚姻相处的小妙招。

特殊时期，情感也需要特殊慰藉

在怀孕和分娩期女性的心理变化呈几何形，而男性也同样如此。突然要来到的小生命，随之而来的身体变化，家里又要多一笔开销等等，伴随着这些惊喜交加的心理变化，两人也会在相处中发生一些小摩擦，这时候要多互相沟通，尽早知道对方心里到底在想什么，相互开导对方，而在沟通不畅的情况下，女性还要学会自己调节，不能将自己的怒气转化到丈夫的身上，要学会委婉地表述。

05

婚能离，债务也能离吗？

婚姻场上的那些事儿：

张蕾和韩进是人人都称赞的“模范夫妻”，张蕾主内，照顾孩子和老人；韩进主外，忙于创业。上半年，韩进的公司销售业绩非常喜人，于是两人又购置了一套价值90万的房产。可是随着行业不景气，购置的建材都没有卖出去，韩进的资金一下子周转不过来，没有办法的韩进只要找朋友借了120万周转。

而此时，张蕾与韩进的夫妻关系发生了恶化。在对待教育孩子、赡养老人和家庭经济的问题上，两人的分歧越来越大，最终竟一发不可收拾。在一次激烈的争吵过后，两人办理了离婚登记手续，在离婚协议中住房以及购置的房产都归张蕾所有。

不久后，债主上门要韩进还钱，韩进以现在一点财产都没有了、没有钱还为由拒绝了对方，而愤怒的债主只好找上了张蕾。可是已经跟韩进离婚了的张蕾，有义务帮前夫承担债务吗?

枕边说“法”

对于离婚夫妻之间的共同债务问题，并不是离婚了债务就能顺利脱离债务了，这一点在法律上这样界定：

《中华人民共和国婚姻法》

第四十一条　离婚时，原为夫妻共同生活所负的债务，应当共同偿还。共同财产不足清偿的，或财产归各自所有的，由双方协议清偿；协议不成时，由人民法院判决。

认定离婚了，对方的债务就与我无关了，这样的想法实在有点单纯，因为根据法律的规定，即便是离婚了，作为夫妻两人在共同生活时期，或为抚养、赡养而产生的债务，都属于夫妻两人的共同财务，在离婚时应当以夫妻共同财产来一起清偿。这样就是说，婚能离，但是债务不能离。

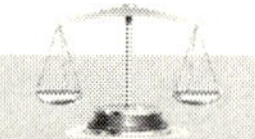

《最高人民法院关于适用〈中华人民共和国婚姻法〉若干问题的解释（二）》

第二十四条　债权人就婚姻关系存续期间夫妻一方以个人名义所负债务主张权利的，应当按夫妻共同债务处理。但夫妻一方能够证明债权人与债务人明确约定为个人债务，或者能够证明属于婚姻法第十九条第三款规定情形的除外。

夫妻之间的债务主要关系到第三人债权的实现，根据这个司法解释，也就是说关于这个债务偿还，还要认定一个性质，要么与家庭有关，属于维系家庭生计共同而产生的债务；要么是个人单方面因素产生的债务，并且还要留有相关的字据，这样才能界定是夫妻共同偿还，还是单方面偿还。如果债务是由夫妻共同偿还，作为债务的债权人有权向夫妻的任何一方主张收回此笔债务。

幸福“法”宝小支招

现实生活中，在婚姻过程中借债的行为非常常见。很多人都抱着这样的观念，觉得既然已经离婚，那么对方的债务就跟自己无关。但事实上，法律对于婚姻时期的债务有着详细的规定。共同的债务并不会因为婚姻关系的分离而使你脱身，个人单方面的债务也不会强加划分到婚姻关系的另一半身上。不过，已婚的女性朋友在借债这件事情上，不妨多加谨慎。

提前划定债务偿还人

在夫妻共同生活的情况下，偶尔会出现资金周转不过来的情况，这个时候就需要借债。为了让后期的债务归属更加明确，夫妻双方不妨在借债时明确其债务的性质，如果是因为家庭因素而借债，那么不管是在什么情况下，这笔债务都应该夫妻双方去偿还，而不能否认这是个人的行为；但是如果在借钱的时候，已经明确告知对方这笔钱由本人偿还，并有相关的借据，就属于个人的借债行为，不能归属到夫妻共同的债务上。

立下借据非常关键

作为一个现代的女性，在持家的过程中，不管是夫妻哪一方向外借钱，都要及时留下借据，千万不要不好意思，这是能有效避免将来纷争的一个最好举措。如果夫妻为此事纠缠不清，只会加剧两人关系恶化。加上俗话说“口说无凭”，将来有一天打起官司来，既不是凭嘴说，也不是凭良心说，一切只能凭证据来。

06

夫妻共同财产，一方可以私自处理吗？

婚姻场上的那些事儿：

菲菲与小唐结婚的时候，两人都可以算得上是一穷二白。他们都是小白领，婚后辛辛苦苦攒了点钱，两人工资卡上的钱加起来，算一算有15万多元了。这笔钱虽然不算什么巨款，可对他们来说，也是一笔难得的大数目。为了得到更多的利息，他们决定将这些钱放在一起，到银行去存个定期。在存钱的时候，用了小唐的名字。

一年之后，菲菲有一次无意中向小唐说起这笔钱，小唐却支支吾吾，似乎有什么瞒着妻子。菲菲心中生出了一丝疑虑。趁小唐不在家的时候，菲菲将那张定期存款的银行卡拿去查询，才发现上面的账户只剩下了3万元。

菲菲勃然大怒，质问小唐，才知道年初的时候小唐的妹妹想要买车，小唐竟然取出12万元钱送给了妹妹。菲菲要求小唐赶紧找妹妹把钱要回来，小唐却觉得妻子不顾自己的面子，有些恼羞成怒，并说银行卡是自己的名字，他想怎么用就怎么用，想把钱给谁就给谁。

那么，菲菲到底能不能要求小唐拿回这笔钱呢？

枕边说“法”

两口子组成了家庭，一旦出现问题，共同财产常常成为争议的焦点。婚姻中的一方可以擅自把财产赠与别人吗？首先看看，怎样的情况叫做赠与：

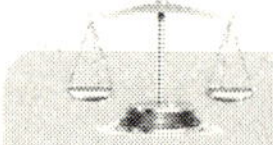

《中华人民共和国合同法》

第一百八十五条　赠与合同是赠与人将自己的财产无偿给与受赠人，受赠人表示接受赠与的合同。

而一方想要实现这样的赠与，究竟需不需要经过另一方的同意呢？就在本例子中，丈夫小唐认为银行卡写的是自己的名字，因此自己有权不经过妻子同意而擅自决定，这是正确的吗？事实上，法律是这样规定的：

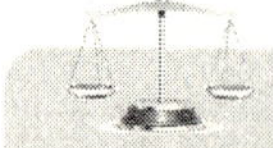

《中华人民共和国婚姻法》

第十七条　夫妻在婚姻关系存续期间所得的下列财产，归夫妻共同所有：

（一）工资、奖金；

（二）生产、经营的收益；

（三）知识产权的收益；

（四）继承或赠与所得的财产，但本法第十八条第三项规定的除外；

（五）其他应当归共同所有的财产。

上述事例中的银行卡上的财产，全都来源于夫妻两人多年的工资积蓄，符合婚姻法第二章第十七条中“工资、奖金”的范畴。虽然银行卡上只有小唐的名字，但只要仍然处在婚姻关系存续期间，那么这张银行卡上的钱就归夫妻俩共同所有，妻子菲菲也拥有处理这笔财产的权力。

幸福“法”宝小支招

虽说法律规定夫妻共同财产两人都有处理的权力，但在人们实际的婚姻生活中，财产有谁保管、如何保管、银行卡或存单上写谁的名字，许多人往往都没太放在心上，以为有法律保护和夫妻情分的存在就可以高枕无忧，而当夫妻间出现分歧时，才发现追悔莫及。

有些女性不愿花费时间精力管理财产，于是把所有财产都交给丈夫保管，结果一朝夫妻感情破裂，才发现财产早已被转移出去，换来的则是家庭破裂、钱财流失的结局；而有些女性将家庭财政大权牢牢抓在手中，却在没有与丈夫商量的时候就擅自决定一些巨额的消费与投资，也可能引来丈夫的愤怒，甚至破坏家庭和谐。因此，女性要谨慎处理夫妻共同财产的问题。

建立透明账户，夫妻共同监督管理

在小家庭中建立一个公正透明的账户，夫妻双方共同对这个账户进行管理和监督，是解决共同财产问题的一个重要手段。比如可以去银行办理一个账户，由夫妻双方中的一方名字开户，而由另一方进行短信提醒设置，当账户发生金钱变动时，能得到及时的短信提醒。这样，该银行户头的收入和支出都能及时反馈给夫妻双方，这样透明的管理模式能够避免很多不必要的麻烦和误会。

既约束丈夫，也约束自己

有些女性很关注夫妻共同财产问题，甚至矫枉过正，把丈夫的钱和自己的钱都牢牢抓在手中，而自己在大量使用家庭资金、进行大笔支出的时候，却不征求丈夫的意见，这同样走进了一个误区。要知道，如果是妻子私自动用了共同财产去赠与给别人，丈夫同样也有权力要回。

发现财产被擅自转移，坚决要回钱款

夫妻共有财产，夫妻俩都有平等的处理权，如果夫妻其中一方想要动用这笔财产，就必须征求另一方的同意。就如同例子中的菲菲和小唐，当菲菲发现小唐擅自决定将钱款取出给别人使用后，是可以要求小唐把钱要回来的。因为《合同法》已经明确规定，**赠与他人的财产必须是自己的财产**，当这笔财产同时属于夫妻两人的时候，也就意味着是小唐擅自做主，除非菲菲答应，否则这种赠与行为是无效的。

07

婚内家庭暴力，是不是一种犯罪?

婚姻场上的那些事儿：

叶子是个温柔文静的女孩，她和大学同学小王已经谈了3年恋爱，毕业后两人就结了婚。婚后一年里，两人关系十分亲密，日子过得舒心无比。可是好景不长，小王的事业越做越红火，在外应酬的时间增多，留在家里的时间也就越来越少。一开始，叶子还没太在意，可没过多久，她就发现了小王有外遇。

被发现婚外情的小王不仅对妻子没有歉疚，反而恼羞成怒，给了叶子狠狠一个耳光，然后夺门而去。叶子伤心欲绝，却又不愿割舍这一段婚姻，只好再也不提及此事，对小王的外遇也采取了默默忍受的态度。谁知从这以后，小王反而变本加厉，对叶子非打即骂，有一次甚至把叶子的手臂给打骨折了。

身边好友们知道了这事，都劝叶子不要再忍受，应该将小王告上法庭。可叶子却迟疑了：两口子关在家里出的事儿，怎么能拿到法庭上去讲，这不是给自己丢人吗？

枕边说“法”

家庭暴力，是指发生在家庭成员之间的，以殴打、捆绑、禁闭、残害或者其他手段对家庭成员从身体、精神、性等方面进行伤害和残害的行为。家庭暴力直接作用于受害者身体，使受害者身体上或精神上感到痛苦，损害其身体健康和人格尊严。总的来说，在我国现代社会，女性的地位正在逐步提高，然而家庭暴力仍然时有发生。女性在家庭中受到丈夫或其他人的各种形式的暴力，很多时候不知道应该如何处理，或者虽然知道这是一种犯罪，却耻于或害怕提出控诉，只能选择默默忍受，从而招来更加严重的、持久的家庭暴力。要预防这种情况的发生，首先必须了解法律是如何看待家庭暴力的：

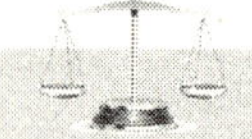

《中华人民共和国婚姻法》

第三条　禁止家庭暴力。禁止家庭成员间的虐待和遗弃。

《最高人民法院关于适用〈中华人民共和国婚姻法〉若干问题的解释（一）》

第一条　婚姻法第三条、第三十二条、第四十三条、第四十五条、第四十六条所称的“家庭暴力”，是指行为人以殴打、捆绑、残害、强行限制人身自由或其他手段，给其家庭成员的身体、

精神等方面造成一定伤害后果的行为。持续性、经常性的家庭暴力，构成虐待。

显而易见，在我国法律中，家庭暴力是一种绝对禁止的行为，而过于严重的家庭暴力还会构成虐待，将要受到法律的惩罚。那么，对于非常严重的家庭暴力，法律将会如何处置呢？我国刑法是这样规定的：

《中华人民共和国刑法》

第二百六十条　虐待家庭成员，情节恶劣的，处二年以下有期徒刑、拘役或管制。

犯前款罪，致使被害人重伤、死亡的，处二年以上七年以下有期徒刑。

第一款罪，告诉的才处理。

从刑法第二百六十条的规定中看，一些非常严重的家庭暴力，甚至是可以判处有期徒刑的。因此，女性如果遭遇了家庭暴力，一定不能选择默默忍受，而应该勇敢面对，适用法律的武器保护自己。

幸福“法”宝小支招

防患于未然，交往期间注意对方是否有暴力倾向

诚然，如果女性遭遇了家庭暴力，可以通过法律手段来保护自己，并让施行家庭暴力的丈夫得到惩罚。但是，即使这样，遭遇了家庭暴力的女性也已经遭受了身体和精神上的损害，损伤已经造成，就无法弥补，还会造成婚

姻与家庭的不完满。所以，如果想要远离家庭暴力，与其亡羊补牢，不如未雨绸缪，防患于未然，在与对象结识之初就对彼此进行深入了解，防止与有暴力倾向的人结婚。

有这样一个传说：在男女谈恋爱时，如果一起去餐厅里吃饭，女方不妨多多注意男方对服务员的态度，因为这很可能就是男方结婚几年后对妻子的态度。这个说法是否准确，没有科学理论支撑，但它也有一定的道理，那就是：在恋爱时，不要只关注男友是否对你温柔，还要多多观察男友对其他人的态度。一个真正有礼貌、有教养、无暴力倾向的人，对他人的言行应该是基本一致的。如果男友对其他人言语粗暴，甚至有暴力倾向，那么难保未来几年后，他不会以同样的方式对待你。而如果男友对你偶尔也冒出了暴力倾向，那么无论他在其他方面的条件多么优秀，都应该谨慎考虑再做出决定，以免婚后出现后悔莫及的情况。

了解家庭暴力，切莫陷入认识误区

无论是古代还是现代，无论是国内还是国外，都有这样一种情况：明明是受过教育的女性，但在遭遇家庭暴力时却没有以正确的方式去对待，反而任由暴力越来越严重。实际上，这种情况很多时候是由于女性当事人陷入了对家庭暴力的认识误区。

“家庭暴力”的现象其实一直存在，受中国传统思想文化的影响，很多人认为“家庭暴力”是家务事，别人无权干涉。这种观念，不仅存在于一些没有受过高等教育的女性心中，同时还存在于一些受过教育的女性心中。后者往往并非不知道法律可以保护自己，但还是在心中将其作为一种“家务事”，认为“家丑外扬”会给自己带来羞耻。这无疑是一种误区，反而会让女性当事人的处境越来越艰难。

除此之外，还有其他的一些误区。有些人认为家庭暴力就是身体、生理上的暴力，比如殴打。所以在遭遇精神暴力、性暴力时，她们并不知道这同样也属于家庭暴力，只好选择了忍受。但**事实上，如果精神暴力、性暴力的证据确凿，女性同样可以用法律保护自己。**

注意自己的行为，女性对男性也可能存在家庭暴力

在家庭暴力行为中，男性对女性的暴力占绝大多数，但也有一些情况，是女性对男性的暴力。有些女性认为，自己对丈夫施以小小的“惩戒”无伤大雅，甚至习惯于丈夫的屈从，而将自己的暴力行为看作了理所当然，动不动对丈夫拳脚相加。然而“拳脚不长眼”，如果女性的行为过于严重，对丈夫造成了伤害，这同样也构成家庭暴力。所以，女性自己也要懂得约束自己的行为，这不仅是为了避免家庭暴力的产生，同时也是为了保护家庭的和谐。

08
全职太太的离婚补偿要求

婚姻场上的那些事儿：

邓宁在一家事业单位从事出纳工作，丈夫王刚自己创办一个公司，不久后邓宁就生了孩子，但是婆婆身体不大好，丈夫工作又非常繁忙，为了家庭，邓宁只好辞去了稳定的工作，在家照顾着孩子和老人。

随着王刚事业越做越大，经常需要到外地出差，夫妻两人也变得聚少离多，慢慢地，感情也出现了隔阂。每次王刚从繁忙的工作回到家，短暂的相聚都会被互相抱怨式的争吵所取代。邓宁和王刚都意识到，两人之间的隔阂已经到了无可调和的地步。经过一番考虑之后，他们决定离婚。

因为邓宁这么多年一直都没有外出工作，都是靠王刚给予的生活费来维持家庭日常开支，在对方提出离婚后，邓宁相当于没有了经济来源，不知道能不能向王刚提出给予相应的经济补偿和赡养费呢，王刚又会同意吗？

枕边说“法”

全职太太是指没有专职工作，在家专心照顾孩子的妇女。很多女性之所以选择当全职主妇，往往是因为丈夫处于事业的爬坡阶段，家庭事务缺乏足够的人手照顾，女性只好辞职在家，做好“稳定后方”的工作。可是由于缺乏独立的经济来源，一旦出现婚姻危机，全职主妇往往会处于被动的地位。这种时候，女性应该如何保护自己的权益呢？

从法律上看，邓宁的要求王刚是应该满足的。夫妻双方共同拥有一个家庭，妻子虽然没有固定的收入来源，而仅仅退入到家庭事务中，但是承担了全部的家庭劳动，以及照顾老人和小孩，就应该受到法律的保护。

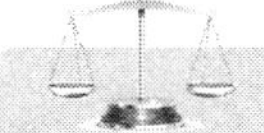

《中华人民共和国婚姻法》

第四十条　夫妻书面约定婚姻关系存续期间所得的财产归各自所有，一方因抚育子女、照料老人、协助另一方工作等付出较多义务的，离婚时有权向另一方请求补偿，另一方应当予以补偿。

很多全职太太因为没有收入，在家庭的地位不够独立，在婚姻纠纷中往往处于劣势。但一旦出现了离婚纠纷，可以寻求法律的帮助，而邓宁因为照顾老人和小孩没有办法而辞掉了工作，在《婚姻法》中可以认定为家庭付出了较多的义务，因此，在离婚的时候可以理直气壮地向对方要求给予相应的经济补偿。

幸福“法”宝小支招

在现代生活中，全职太太这一特殊的职业也变得逐渐增多起来，女性一旦选择了这种职业就要用心地去做，仅仅掌握生活技能远远不够，一旦丈夫变心或者出轨，不仅在心理上会承受极大的打击，而且由于突然缺乏经济来源，生活上也会遭遇困难。即使再次踏上社会、求职就业，也需要一段时期的重新适应。

因此，在做全职太太的时期，不仅要把自己的家庭料理好，同时也应有自己的事业，还要适当注重学习，做一个会学习、会理财、有交际的全职太太，才能应变婚姻中的各种危机。

莫把全职当成专一的职业

你可以把家庭都料理好，但是千万不能把全职太太当成一份职业来做，这样丈夫就成为你的“顶头上司”。在职场上如果觉得事业不顺遂，或者公司气氛让你觉得压抑难受，身为被雇佣者可以选择辞职，或者向老公抱怨一番；可是如果作为全职太太，在家中遇到不高兴的事，往往会处于孤立无援的境地，即使跟老公发脾气，也未必能得到这位“顶头上司”的谅解。一旦婚姻出现什么闪失，你就相当于“失业”了。

单调的生活需要规划时间

虽然在做全职太太的过程中有很多悠闲的时光，不用再朝九晚五，可随着时间的推移，你会慢慢地发现生活变得枯燥起来。因为你每天面对的不是丈夫就是孩子，接触其他人的机会变得越来越少，社交圈子越来越窄，很难跟社会有足够的咨询交流。

那么，全职太太们是否只能放任这种状态，任其发展下去呢？事实上，那样只会坐以待毙。你可以趁孩子上学的时间，多学习学习英语，或者培养一些兴趣爱好，参加一些聚会，多跟周围的社交圈进行交流，你会发现你从未与社会脱钩，甚至看问题的角度也会变得不一样了。

经济完全依赖老公吗？不可以

俗话说“只有经济独立，才能精神独立”。被家庭推升至全职太太的阶段，没有了固定的收入，每一次拿钱都要看老公的脸色，你会渐渐地失去自我，而成为老公的附庸。这时不妨多学点理财知识，小试牛刀一番；或者经营网上开店这种低成本的创业模式，渐渐地，你就会找到新的自我。

学习永远不可停止

随便看一个关于全职太太的离婚故事，都会说到再踏入社会之时有多么困难。因此，当你决定踏上全职太太这条路之时，千万不要放弃学习之路，与你专业相关的学习，与你爱好相关的学习，对于感兴趣事物的学习都不能停止。如果有一天发生婚变，需要你重新回到职场，这些知识就会成为你重新踏入社会的“秘密武器”，找工作也就变得不那么困难了。

09

老公有外遇，离婚能争取哪些赔偿

婚姻场上的那些事儿：

袁丽在23岁的时候与赵鼎相爱，过了几年，两个人就顺利结婚了。婚后的日子过得还算幸福，小宝宝也如约来到世上。这样的一个三口之家本该让人羡慕，但袁丽周围的好友告诉她，看见赵鼎好几次跟同一个女孩子在约会。

听到朋友们的“密报”，她觉得非常伤心，要是婚姻真的出现问题，自己和宝宝怎么办呢？为了证实此事，袁丽暗中跟踪老公，她发现老公每次打电话回来说在公司加班，实际上都是在跟一个小女生约会，而且两人还在某小区里面租了一套房子。为了保存证据，袁丽用手机拍摄了一些照片。

等赵鼎回到家后，袁丽跟他摊牌了，赵鼎也不甘示弱，坦白自己喜欢上了别人，并坚持离婚。袁丽知道一切已经无法挽回，但她不可能以平静的心态面对老公有外遇这件事，而不再爱她的赵鼎已经无法再回到家庭，这种情况下，离婚大概是唯一的选择，可是带着孩子的袁丽该如何维护自己的合法权益呢？

枕边说“法”

婚姻本该从一而终、相互扶持到老，并且对本人以及家庭负责，在婚姻中也不应该欺瞒对方，只有互相忠实、互相尊重的婚姻，才能真正地走下去。对婚姻忠诚就相当于是对自己爱的肯定。这点在我国《婚姻法》总则中就已经表明：

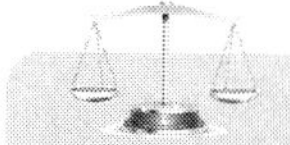

《中华人民共和国婚姻法》

第二条　实行婚姻自由一夫一妻、男女平等的婚姻制度。

第四条　夫妻应当互相忠实，互相尊重；家庭成员间应当敬老爱幼，互相帮助，维护平等、和睦、文明的婚姻家庭关系。

可是在婚姻长久的相处中，很多男性一旦结婚，就会认定妻子是自己的专属品，花心思的浪漫和疼爱都会变少，不再有婚前的甜言蜜语。时间久了，定力不足的男性很可能就会掉入“外遇的陷阱”，结果造就了自己对婚姻的不忠。

发生这种情况，婚姻中的女性是否只能束手无策呢？当然不是，法律对处于婚姻中的受到情感伤害的女性，有着相应的保护条款：

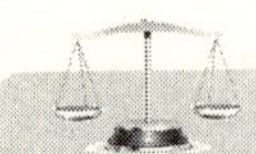

《中华人民共和国婚姻法》

第四十六条　有下列情形之一，导致离婚的，无过错方有权请求损害赔偿：

（一）重婚的

（二）有配偶者与他人同居的

（三）实施家庭暴力的

（四）虐待、遗弃家庭成员的。

只要妻子有证据证明丈夫与他人同居的证据，或者并且当事人也予以承认，可以按照《婚姻法》四十六条有配偶者与他人同居的这一情况来处理。无过错方有权向对方请求赔偿，因为袁丽还带有一个孩子，因此，丈夫除了要给予赡养费，还要承担未成年孩子的抚养费、教育费等。

幸福“法”宝小支招

都说在婚姻的“七年之痒”后，丈夫的婚外恋就会来临，可事实上，如果婚姻关系处理不当，恐怕这种情况会提前来临，在此之前应该如何预防这种问题？当家庭出现这种问题后，应该如何面对呢？女性需要警惕起来提前上一课，化解婚姻中潜伏着的危机。

长久的婚姻需要沟通

随着现代人生活压力的增大，很多忙完公事的男性，回到家中可能吃饱饭就躺在床上呼呼大睡起来，女性收拾完毕之后也休息去了，这样年复一年，两人的婚姻毫无激情和沟通而言，又怎么可能长久呢？在婚姻里面没有沟通，时间长了就会出现问题，这也是不珍惜婚姻的一种表现。因此，在休息的时候，跟对方聊一聊，让对方知道你心里的所思所想，也是让婚姻更加稳定的法宝之一。

婚姻要经受住考验

相爱的两个人一起走入婚姻的殿堂，是一件很不容易的事，夫妻也是这辈子最相爱的两个人，彼此都是对方生活中重要的一部分。要是在婚姻中出现了一些磕磕碰碰、危机和难题，一定要及时化解，千万不要留下“隔夜仇”。在婚姻中学着互相谅解让家庭更加美好，也是彼此珍视婚姻的表现。

了解不够，就再了解

很多匆匆结婚或者闪婚的年轻人，在婚后都会问出这样的问题：“你怎么会是这副样子？怎么你有这些坏习惯？”好像对方跟自己想象的不一样，觉得对方根本不是自己一直寻找的理想伴侣。于是，两人开始了同床异梦的婚后生活。在这样的情况下，出现“婚外情”其实是迟早的事情，一桩不忠的婚姻也就诞生了。

但是，婚后的进一步了解未必就非得走到如此的境地。如果觉得对对方不够了解，那么不妨再下工夫了解一番，有些习惯可以进行耐心的纠正，有些性格不合可以通过磨合而变得契合。总之不要轻言放弃或者怀疑，婚姻之路就能走得长久。

果断放弃 & 宽容对待

丈夫出现外遇是很多女性都没法接受的事情，对待这件事情的处理上，有些女性会选择果断放弃，有些女性则会宽容对待。

可是换个角度看待，发生这种情况，不能一概而论。如果丈夫只是一时犯错，将一部分爱放在了注定没有结局的感情上，但对妻子还有爱情，妻子也深爱着丈夫，那么此时考虑离婚也许为时过早，没有必要早早放弃现在所拥有的东西，可以给予丈夫适当的宽容，坦诚而坚定地要求丈夫一同面对婚姻中出现的问题和危机，并寻找解决的办法；当然，如果感情已经走到了尽头，丈夫的态度已经无可挽回，那么也不必苦苦强求，此时**搜集对方的外遇证据、在离婚时为自己争取更多的保障，**才是最应该做的事情。

10

拍摄丈夫外遇证据？来源合法才有用

婚姻场上的那些事儿：

贺兰是大家眼中的女强人，事业上风风火火，可在婚姻上却有些不如人愿。她与丈夫王强结婚十几年了，感情越来越淡。王强自己没什么本事，每月收入也不高，觉得在妻子面前抬不起头来，再加上妻子性格强势，他就有了另寻新欢的念头，在外面包养了一个情人，并租了一套房子。

贺兰听说了这件事，气不打一处来。丈夫花她的钱，养别的女人，这口气怎么忍得下去？她想到了离婚，但想让丈夫净身出户，于是觉得一定要先获取丈夫不忠的证据。抱着这样的想法，她先是打听到了丈夫包养情人的住所，然后找了一家所谓的“私人侦探”，要求“侦探”潜入那所房子，在房子里安装了几个隐藏的摄像头，把丈夫和情人私会的场景全都拍摄了下来。

有了这些证据，贺兰觉得自己终于可以自信满满地提出离婚诉求了。谁知在咨询律师的时候，对方却告诉她，这些通过潜入住宅偷拍到的摄像资料，在法庭上未必是有效的。贺兰很不理解：这是明摆着的婚外情，赤裸裸的证据都在录像资料里摆着，竟然不能作为证据了？

枕边说“法”

随着我国社会的进一步发展，婚姻关系也日趋复杂化，出轨现象也越来越多地出现在人们面前。虽然出轨已经不是现代社会的新鲜事，但当它真的出现在女性面前时，女性难免会受到感情上的伤害。许多女性不甘于在婚姻中受到伤害，选择搜集丈夫出轨的证据，为离婚和保护自己应得的财产而做出努力，这都是可以理解的。但是，如果在搜集证据的过程中，忘记了证据来源的合法性，那么很可能事与愿违，不仅无法让这些证据在打离婚官司时起到应有的作用，还可能给自己带来麻烦。

《最高人民法院关于民事诉讼证据的若干规定》

第六十八条　以侵害他人合法权益或者违反法律禁止性规定的方法取得的证据，不能作为认定案件事实的依据。

由此我们可以知道，根据这条规定，证据的来源应当是合法的才能予以采用。而偷拍偷录的视听资料能否作为合法证据，就要看这些资料来源的具体情况，看偷录的视听资料是否侵害了被偷录人的合法权益。如果并没有侵害，就可以被视为合法证据；而如果侵害了对方的合法权益，不但证据被视为非法证据，无法采用，拍摄人还可能会因为侵害了被偷录人的合法权益而被追究责任。例子中贺兰聘请“私人侦探”潜入丈夫情人的住所，这就侵害了对方的合法权益，属于比较严重的侵犯人权，这些证据自然也不能被作为合法证据来采用了。

幸福“法”宝小支招

现如今，由于婚姻中一方出轨而导致的离婚事件非常之多，夫妻双方闹到对簿公堂时，证据就成为关键因素，它往往关系着离婚成功与否，以及在离婚时双方的财产分割。很多女性就像例子中的贺兰一样，不惜花费重金，去聘请一些所谓“专业”的“私人侦探”来搜集证据。然而在我国现阶段，“私人侦探”的质量往往良莠不齐，取证过程一旦非法，那么所取得的证据就只能付之东流。当发现丈夫出轨的迹象时，女性如何进行取证，才能取得来源合法的证据，从而维护自己的利益？

研究法律，确定有哪些证据是重要的

当丈夫出轨时，有哪些证据能够在离婚时被法院所采信，这是众多女性应该了解的重要事项。

比如，如果女性发现丈夫出轨后，如果只是想要离婚，那么搜集到丈夫出轨的证据即可；但如果想要获得一定的损害赔偿，那么就要清楚：目前，根据我国《婚姻法》的规定，只有存在“有配偶者与他人同居”或构成“重婚”导致离婚的情形，无过错方都有权请求损害赔偿。

所谓“非法同居”即“有配偶者与他人同居”，根据相关司法解释，“有配偶者与他人同居”的认定共有 3 个要件：婚外异性；不以夫妻名义；持续、

稳定的共同生活。

所谓的“重婚”则是以夫妻名义共同生活。所收集的证据如果不能证明他们有长期共同生活的情节，那么即使是“捉奸在床”，也只能被认定为“通奸”行为，这种情况下起诉离婚通常会得到支持，但是并不能得到离婚损害赔偿。

巧得保证书/悔过书，字面上的证据

如果丈夫只是第一次出轨，女性觉得出于对完整家庭的维护，可以暂且原谅，那么不妨要求丈夫写下保证书或悔过书，对于自己与情人的长期共同生活情节进行阐述与悔过，并对自己破坏婚姻幸福的过错进行道歉。保管好丈夫的保证书或悔过书，一旦丈夫再次出轨，那么这份保证书或悔过书就能成为未来在法庭上保护自己权益的重要证据之一。

了解直接证据与间接证据

对于出轨证据，女性要进行仔细的了解，知道哪些是直接证据，哪些是间接证据。

所谓直接证据，一般包括出轨方与情人的亲密录像，要求能够清晰的辨认正在发生性行为的双方并没有被剪辑；照片，要求说明照片的来源、拍摄时间、地点等信息；书面认可，发生婚外情的当事人自己书写的保证书、承诺书、认错书等；本人认可的录音，行为人自己承认婚外情的录音，要求录音真实合法。

而间接证据，在一般包括婚外所生的孩子、暧昧短信、证人证言、共同租房证据等等。间接证据往往无法取得像直接证据那样的效果，比如婚外生子需要进行亲子鉴定，暧昧短信常常需要面对是否修改或诱导后发出的质疑，

而证人证言、共同租房证据也都无法独立证明或直接证明婚外情的事实。不过，这些证据仍然是有用的，也不要在没有直接证据时为了取得直接证据，而强行使用一些不合法的手段。

谨慎对待侦探公司

无论是个人自己搜集出轨证据，还是通过侦探公司搜集证据，都一定要注意手段的合法性。如果个人的力量确实无法达到，那么也可以求助于侦探公司、调查公司等，但需要注意的是，要选择有口碑的公司，谨慎对待他们的承诺，并仔细询问对方的搜查方式，避免对方通过不合法手段取证。另一方面，也不能将所有的希望都寄托在侦探公司身上，自己也要通过各种渠道进行取证。

此外，一旦取得了有利的证据，还要注意妥善保管。如果觉得自己无法保证安全保管，也可以将证据转移出去，比如交给律师代为保管等。

11
“讨伐”第三者？小心别越过法律的界限

婚姻场上的那些事儿：

结婚前，秀秀也是个在高楼大厦上班的白领，每天过着朝九晚五的生活。到了婚后，为了支持老公的事业、照顾老公的生活，她毅然辞了职，放弃了事业，做起了家庭主妇。每天早早起来准备早餐，打扫卫生，迎接老公的归家，日子过得还不错。

可几年之后，她才发现自己生活在一个美丽的幻影中：原来，老公早在结婚后不久，就跟单位里的一位年轻女同事好上了。要不是秀秀在无意中看到老公手机里的肉麻短信，还有一些露骨的私密照片，恐怕她还会一直被瞒下去。

秀秀怒不可遏，她打算狠狠报复那个女人。她将老公手机里的私密照片下载到电脑里，并找熟人打听到了那位女同事的姓名、年龄、家庭住址、电话号码，把这些信息与照片全部发到了网上，让网友一起来讨伐“小三”。果然，网友们同仇敌忾，对那位女同事展开了轰轰烈烈的谴责行动。可也有人对秀秀说，她的这种行为是犯法的，侵犯了别人的隐私权。

枕边说“法”

“小三”插入到别人的家庭中，破坏了他人家庭的完满，其行为自然是非常不道德的。然而，妻子对于不道德的“小三”，真的可以不择手段地进行“严厉打击”吗？来看看法律是怎么说的：

《中华人民共和国民法通则》

第一百零一条　公民、法人享有名誉权，公民的人格尊严受法律保护，禁止用侮辱、诽谤等方式损害公民、法人的名誉。

由此可见，虽然“小三”破坏了他人的家庭，从道德上应该严厉抨击，但“小三”同样是公民，仍然享有正当的名誉权，她们的人格尊严仍然受到法律的保护。女性如果发现丈夫有了“小三”，不计后果地对其进行侮辱，那么很可能给自己带来麻烦。

《最高人民法院关于贯彻执行〈中华人民共和国民法通则〉若干问题的意见（试行）》

第一百四十条　以书面、口头等形式宣扬他人的隐私，或捏造事实公然丑化他人人格，以及用侮辱、诽谤等方式损害他人名

誉，造成一定影响的，应当认定为侵害公民名誉权的行为。

以书面、口头等形式诋毁、诽谤法人名誉，给法人造成损害的，应当认定为侵害法人名誉权的行为。

很明显，我国法律规定，公民的人格尊严受法律保护，任何以侮辱、诽谤等方式损害公民人格尊严的行为，都是要负法律责任的。秀秀原本是丈夫出轨的受害者，但由于自己的不理智行为，却成了侵害他人人权的加害者。她所采取的报复方式，已经超过了法律所允许的范畴，构成了对他人隐私权的侵犯。

虽然对方是人人喊打的“小三”，但仍然享有民事权利，秀秀不能因为她是婚姻中的第三者就侵犯其隐私权。因此，对方完全有权力对秀秀进行起诉。秀秀不仅无法通过这种方式挽回自己的婚姻，反而会惹上官司，成为被告。

幸福“法”宝小支招

第三者的存在，是许多已婚女性心中永远的痛。第三者插足到他人的家庭，导致他人夫妻感情破裂，家庭子女分离，从道德上是应该批判的。而且从理论上说，第三者插足，实际上是构成了对婚姻中无过错方的配偶权的侵犯。

但遗憾的是，我国法律目前为止并没有明确地规定配偶权。当夫妻中一方的配偶权受到侵犯时，很难从法律上找到依据来追究第三者的责任。由于这种无奈的情况，许多受害者走入了极端，用非法手段来对第三者进行“惩治”和“报复”，结果只能造成两败俱伤——虽然成功对对方进行了报复，但自己也走在了法律的界限之外。

因此，当遭遇婚姻第三者的时候，如何正确面对，成了女性应该关注的重要问题。

避免侵犯第三者的权益，也是在保护自己

女性在最初知道第三者存在时，往往也是最为愤怒的时候。愤怒会让人丧失理智，做出害人害己的行为。就像例子中的秀秀一样，虽然报复了小三，但自己也触犯了法律。所以在面对第三者时，一定要注意避免侵犯他人权益。尤其在把丈夫婚外情公之于众时，要注意什么可以公布，什么不能公布。

不要把责任全部推给“小三”

许多女性在遭遇丈夫出轨时，会陷入这样一个认识误区：丈夫并没有错，是因为遇到了第三者，被第三者引诱，才犯下了错误，因此婚姻破裂的罪魁祸首是第三者而不是丈夫。抱着这样的想法，她们把矛头全部都对准了第三者，却对丈夫毫无怨言。

从维护婚姻的角度来看，如果在遭遇“小三”后妻子并不想断然离婚，而是仍然想要保护家庭的完整，做出这样的决定是可以理解的。然而，无论是否想要离婚，都应该在内心知道一个事实：丈夫出轨，是丈夫与第三者共同犯下的错误，婚姻破裂的罪魁祸首并不仅是第三者一个人。只有认清这个事实，才能避免把所有的怒气都针对第三者，才能在婚姻遭遇危机时保持清醒，正确地改善与丈夫的关系，解决第三者带来的难题。

聘请律师，在与第三者角力中认清法律界限

如果遭遇丈夫出轨的女性决意与第三者“斗智斗勇”，那么也不要盲目行事，更不要在对相关法律毫无了解的情况下，就随意地展开“报复”，否则很

可能无意中跨过了法律的界限，给自己带来麻烦。如果有经济能力，不妨求助于律师，了解相关法律规定，然后再决定是继续婚姻，还是断然离婚。做出决定之后，就可以在律师的帮助下施行计划了。需要记住的是，**与第三者的“角力”绝不是最后的目标，走出第三者的阴霾、追求自己的幸福，才是终极目的。**

PART THREE 第三章

职场事业篇
懂法女子驰骋职场更“娇”人

01
应聘中，小心保护你的权益

职场上的那些事儿：

都说今年经济环境差，想找到一份好工作是很难的事，这不，刚刚毕业的何英就彻底感受到了严峻的就业形势。不仅连跑了好几场招聘会，同时电话招聘、网上视频招聘的机会也不放过，简历都复印了好几十份了，而在网上投的简历更是数不胜数。

这天有家公司通知何英去应聘，她赶紧准备好自己的简历以及相关作品，早早就出发了。按照对方所给的地址，她七拐八弯，在大街小巷上四处寻找，找了好久才在一幢偏僻的楼房中发现了一个不起眼的门牌号。来到公司，她发现前去应聘的人只有寥寥的几个。在应聘的过程中，何英与主管聊得非常融洽，主管认定何英非常有潜质，并声称可以直接录取她，这个消息让她喜不自禁。可是主管又说，在此之前，何英必须缴纳500元钱的保证金，并且把身份证放在公司，到岗后再退还。这个要求让何英觉得有点不可思议，招聘单位有权向劳动者收取财物和身份证吗？她有些犹豫，但又害怕失去这个难得的工作机会，已经失败了这么多次，她不希望再次失败。

枕边说“法”

用人单位不能收取劳动者的财物和身份证，这些都是不正当并且违法的行为，这一项在我国的劳动法规中有着明确的规定：

《中华人民共和国劳动合同法》

第八十四条　用人单位违反本法规定，扣押劳动者居民身份证等证件的，由劳动行政部门责令限期退还劳动者本人，并依照有关法律规定给予处罚。

用人单位违反本法规定，以担保或者其他名义向劳动者收取财物的，由劳动行政部门责令限期退还劳动者本人，并以每人五百元以上二千元以下的标准处以罚款；给劳动者造成损害的，应当承担赔偿责任。

劳动者依法解除或者终止劳动合同，用人单位扣押劳动者档案或者其他物品的，依照前款规定处罚。

如果用人单位向劳动者索取身份证和财物，劳动者都可以直接拒绝，甚至可以向有关部门检举揭发，发生这种情况他们还应受到相应的处罚。

幸福“法”宝小支招

找到一份好的工作，是每个刚刚毕业的大学生最为迫切的愿望。虽然如今社会讲究男女平等，但就社会现状来看，女性在求职过程中会遇到更多的阻碍，求职也更加的困难，而求职欲望也更为迫切。有些用人单位利用了应聘者的这种心理，设置了一些就业陷阱，导致给很多刚刚找工作的年轻人带来了一些个人权益的侵害。因此，在求职的过程中，不仅要以更好的姿态来迎接新的挑战，同时也要擦亮眼睛，仔细辨别应聘中的各种陷阱。

面试时收取相关的费用

除了交一定的押金这种形式之外，还有一些用人单位会“变相”收取各种费用，比如培训费、报名费等。实际上，这都是一些不良单位变相敛财的惯用手段，主要就是想骗应聘者口袋中的钱。而此时，你一定要拒绝交纳。

妥善保留自己的相关资料

用人单位扣押身份证这种违法行为在法律中有着具体的处罚规定。而与此同时，有些朋友在应聘的时候，还会带上自己在学校时设计的作品、发表的文章、做过的文案策划等材料，如果当用人单位提出要留下查看的时候，要不要搁下呢？为了防止自己重要材料的流失，建议提前拷贝好一份，碰上比较正规的公司有此要求时不妨留下自己的材料，而一般的小公司则要慎重选择以防窃取其精华。

岗位描述和具体职位混淆不清

有些单位在招聘的时候，在广告中对岗位描述和具体职位描述时，是一个非常混淆的状态，要求和用人界限不明确，有一些还存在自相矛盾的情况，甚至一些公司描述的内容就是从其他公司照搬过来的，而劳动者到岗之后才发现公司的实际情况与之前的招聘内容完全是两码事。

02

劳动合同是最基本的权利保护伞

职场上的那些事儿：

大学刚毕业，小夏就找到了现在的这家公司，当起了小文员。当时这家公司初成立，只有几个人，很多设施和制度都不完善，也没有跟小夏签订劳动合同。看在这家公司所在的行业发展前景不错，再加上跟小夏的专业对口，想多学习点经验的小夏就留了下来，到现在已经过去了8个月。

如今公司已经走上了正轨，不仅盈利状况良好，而且已经初具规模。小夏看见公司经营得好，心里也很高兴，但觉得自己没有合同，在公司里这么名不正、言不顺地待下去，总不是个办法。于是，她来到老板的办公室，要求公司签订劳务合同。老板虽然对小夏和颜悦色，但对于签订合同的事却总是闪烁其词、一拖再拖。

小夏知道老板并不想与自己签订合同，但想到如今就业压力大，不敢轻易辞职；可签订合同又是自己的基本保障，如果没有合同，就意味着公司随时可能将自己打发走，而自己的福利待遇也得不到保护。她很想争取自己的权利，却不知道从何做起。

枕边说“法”

实际上，一旦用人方确定聘用，求职者到岗后，单位就应该签订劳动合同，这一点在我国《劳动合同法》中有着明确的规定：

《中华人民共和国劳动合同法》

第三条　订立劳动合同，应当遵循合法、公平、平等自愿、协商一致、诚实信用的原则。

依法订立的劳动合同具有约束力，用人单位与劳动者应当履行劳动合同约定的义务。

不过即便知道要签订劳动合同，很多女性朋友私下对《合同法》、《劳动法》以及相关的政策关注甚少，在签订的时候也会忽视劳动合同的一些必备条款，那么在签订劳动合同时，该注意哪些事项呢？这些在我国的《劳动合同法》中也能找到答案。

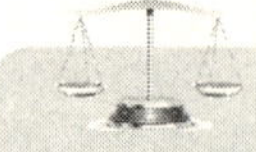

《中华人民共和国劳动合同法》

第十七条　劳动合同应当具备以下条款：

（一）用人单位的名称、住所和法定代表人或者主要负责人；

（二）劳动者的姓名、住址和居民身份证或者其他有效身份证件号码；

（三）劳动合同期限；

（四）工作内容和工作地点；

（五）工作时间和休息休假；

（六）劳动报酬；

（七）社会保险；

（八）劳动保护、劳动条件和职业危害防护；

（九）法律、法规规定应当纳入劳动合同的其他事项。

劳动合同除前款规定的必备条款外，用人单位与劳动者可以约定试用期、培训、保守秘密、补充保险和福利待遇等其他事项。

由此看来，劳动合同在签订的过程中要注意的事项着实不少，女性朋友们千万不要怕麻烦，前期知道的权责越明确，后期在工作中才能越放心，才能在工作上大展拳脚，而不会心存顾虑。

幸福“法”宝小支招

在确定了入职意向之后，进入到用人单位的第一关就是签订劳动合同，这涉及今后劳动权益的维护，但是有些女性朋友走到这一步的时候，就会遇到各种各样的复杂问题。怎样才能避免自己的合法权益受到伤害呢？不妨从以下四个方面着手。

树立信心，有问就提

通常劳动者和用人单位相比，会处于相对比较弱势的地位，加上对工作岗位需求的急切性，在找工作的时候，往往会疏忽对劳动合同这个问题的关注。还有些人虽然关注这类问题，但因为害怕得不到工作，而对一些现有的问题采取回避态度，不敢提出自己的意见，害怕一旦自己提出要求，就会给招聘者留下不良印象，从而失去职位。这些担心其实大可不必。找到一份稳定的工作对自己未来的职业前景发展更有好处，如果用人单位在这种必须要准备的事情上都支支吾吾，则表明这家单位的运作根本不够规范，你大可不必为之浪费自己宝贵的时间。

签订合同勿草率行事

也有一些比较胆小谨慎的女性朋友，在委婉地向用人单位提出关于劳动合同的意见之后，被用人单位直接拒绝，之后也不敢坚持己见，只好委屈求全地在必备要素不全的合同上签了字，想着先得到了这份工作、拥有基本生活保障再说。殊不知，这样的行为是很危险的。因为从法律的角度看，劳动者在劳动合同上签字，就代表着自己对这份合同的认可，并且愿意履行这份合同中包含的行为。如果将来与公司发生纠纷，需要诉讼之时，却找不到用人单位存在胁迫或者欺诈的证据，而白纸黑字的合同作为唯一的证据，就会被认为是自己的真实意愿，这份匆忙签订的合同也不会被认为是无效的合同。

这四类合同不可签订

女性朋友在求职的过程中，还提防四类“陷阱合同”：

第一种是口头合同，这种合同没有正式的书面文书，一旦有变更，口头上的许诺就会化成泡影：

第二种是格式合同，就是用人单位自己拟定的合同，粗略一看可能毫无挑剔之处，但在具体的条款说明上含糊其辞，没有进行明确的规定，一旦发生劳务纠纷，权益受到侵害的就是自己；

第三类是单方合同，有些用人单位考虑到求职者心切，只约定了求职者应该遵守的条款，以及违反约定后要承担的责任，丝毫没有标明应聘者应该享受到的权利；

第四类是生死合同，有些危险行业，常常会利用高薪的诱惑，要求应聘方签订“生死协定”，一旦发生意外就好为企业开脱。

遇到这四类合同，就必须做好拒绝的打算，避免在这类陷阱合同上签字。如果情况特殊，一定要签订以上合同，也应该提前慎重考虑，签订后或者劳动产生后可能会产生的纠纷该如何处理。

多个渠道争取自己的权益

如果单位不签订劳动合同，除了闹上法庭还有别的办法吗？其实，劳动者还可以**拨打劳动监察部门的投诉电话，请求行政查处。**一经核实之后，单位确实存在不签订劳动合同，用人单位也会受到监察部门相应的法律惩罚，同时还可以向劳动仲裁部门进行维权，**如果用人单位至用工起已经超过一个月但是未满一年，还应根据我国《劳动合同法》的规定向劳动者补偿两倍的工资，**而这些都是女性在签订劳动合同之前必须要了解的讯息。

注：各省劳动监察部门电话可通过当地公安局官网或者拨打114查询。

03
别让试用期拖垮了你的职业计划

职场上的那些事儿：

杨丽丽从大学毕业之后，在网上投了200多份简历，跑了好几场的招聘会，参加了好几轮的面试，才应聘到一个跟自己专业对口的职位。

公司跟她签订了试用期的劳动合同，工资定为1500元，等试用期结束之后工资调整为2500元。对待这份来之不易的工作，杨丽丽非常珍惜，在试用期努力地工作，虽然工资较低，但只要一想到试用期结束后工资可以很快上涨，就立刻有了干劲。

转眼间，两个月的试用期很快就到了，但是公司强调，因为这个岗位比较特殊，不仅对专业要求很高，还要求员工能有较强的心理素质，因此要将试用期延长4个月。出于对这个岗位的热爱，杨丽丽也同意了。

可没想到4个月之后，公司又搬出了其他理由搪塞，再次延长了试用期。这样一来，试用期眼睁睁地已经过去了半年，看人力资源经理说得振振有词，杨丽丽也不好反驳什么，只是公司的试用期怎么会没完没了，这样一来，自己的合法权益又该如何保证呢？

枕边说“法”

试用期是用人单位和劳动者建立了劳动关系后相互了解、选择而约定的一个时间，通常试用期的不超过六个月，这个也是有相关法律明文规定：

《中华人民共和国劳动法》

第二十一条　劳动合同可以约定试用期。试用期最长不得超过六个月。

有些用人单位在录用员工的时候约定一个比较长的试用期，或者在约定试用期完成后再加一个试用期，只要试用期超过了六个月，这些行为都触犯了法律，是违法的行为。

《关于劳动合同若干问题的通知》

第四条　用人单位对工作岗位没有发生变化的同一劳动者只能试用一次。

如果发生了这种事情，劳动合同的试用期超过了规定，同时单位也对你进行了重复试用，你可以要求变更相应的劳动合同期限，或者要求对用人试用合同中超过的期限，按照非试用期工资变更其劳动合同，按照转正或者非试用期的工资标准来支付工资。如果对方不给予明答复或者拒绝你的要求，你完全向法院提出诉讼，或者请求劳动仲裁部门的援助，以维护你的合法权益。

幸福“法”宝小支招

在职场上，用人单位一般会对任职人员采用试用制，试用期短则两个月，长的有将近半年，一般会有专门的人员负责管理和考核。女性朋友如何在试用期中保护自己的合法权益，并且顺利突出重围，不被用人单位所坑蒙过去呢？

试用期不能超过 6 个月

在签订试用合同之时，就应该提前了解清楚，如果职位的使用期太长，或者用人单位对转正总是支支吾吾，就不要浪费自己的时间，影响了自己的职业计划。

现在有些单位惯于与法律“打擦边球”，产生了一些试岗、适应期、实习期，以及较长的试用期等说词，其实这些都是滥用试用期的表现，这些单位通过设定较长的时间来“试用”新员工，说穿了无非就是使用廉价劳动力，目的就是为了逃避对员工应尽的法律责任。

试用期被辞退，对方要举证

在求职中还必须提防这样一些别有用心的用人单位：这类单位不断招聘

新员工来剥削其劳动力，每当新员工试用期满，就以一句“你不符合我们的录用条件”，忙不迭地将其辞退。

这样的行为是非常不负责任的，因为我国《劳动法》中的第二十五条规定，劳动者在试用期间被证明不符合录用条件的，用人单位可以解除其劳动合同。其中这个条件必须是举证，证明被雇佣者在试用期间不符合录用条件。而如果没有此项举证，用人单位就不能随意解除劳动合同，否则就要承担因为违法解除劳动合同而带来的法律后果。

试用期辞职不算违约

有些女性朋友认为，试用期就是用人单位对自己的考察时期，只有公司能对自己进行考察，而自己不能提前辞职，否则就相当于没有履行之前签订的试用合同，就相当于是违约。有些公司也利用新员工这种担惊受怕的心理，对于试用期内提前辞职的员工，甚至会拒发当月的工资。

但事实上，试用期是对双方来说都是一个互相考察的时期，**劳动者可以在试用期随时通知用人单位解除劳动合同，无须提前通知，**而用人单位单方面觉得试用期辞职属于违约、拒发应有的工资，这种行为其实侵害了劳动者的权益，在法律上一般会被认定为无效。

试用期合同、劳动合同都要签

有些用人单位只跟新员工签订试用期合同，并给人一种试用期合同就是劳动合同的错觉。其实这种行为也属于违法。因为从始至终，试用期一直是包含在劳动合同期限内的，劳动合同是试用期合同存在的条件。如果有单位打着这种幌子而不签订劳动合同，基本上你就可以将这类单位列入“不正规单位”的黑名单，那么，赶快去找一份更有保障、更稳定的工作吧。

04

签合同别忽略赔偿责任条款

职场上的那些事儿：

张琳是一家广告公司的策划文员，经过试用期之后，就顺利地与公司签订了劳动合同，在工作中张琳的表现一直都挺不错，跟同事相处得都挺愉快。

但张琳毕竟刚刚大学毕业不久，因为经验不足，工作中的许多难题都让她觉得十分棘手。幸好，有位大学里的师姐是行业里的前辈，跟张琳关系极好。每次遇到难题，张琳都会向师姐请教。这天，她又跟往常一样，在网上跟师姐讨论自己公司马上要着手的新项目，以及新项目的特色。

然而，在这个新项目还没进入最终阶段的时候，客户突然提出了放弃计划。这导致新项目被完全搁置，公司发展受到了很大影响。公司进行调查，才发现原来竞争对手公司得悉了这个项目，对客户进行拉拢和游说，并提出了一套类似的方案。再深入调查下去，原来正是由于张琳向师姐提起新项目计划，才造成了公司商业机密的流失。最后，公司根据劳动合同上写明了的条款，提出要开除张琳，并要其承担相应的经济赔偿。看着那白纸黑字的条款，张琳这才发现，当初与公司签下的一纸合约，自己竟然从来没有认真地看过。

枕边说“法”

在劳动合同中，不仅要保证劳动者的权益，同样的用人单位的权益也要受到保护。如果劳动者因为本人的原因而给用人单位造成相应的损失，在法律上也要追求其责任。

《工资支付暂行规定》

第十六条　因劳动者本人原因给用人单位造成经济损失的，用人单位可按照劳动合同的约定要求其赔偿经济损失。

经济损失的赔偿，可从劳动者本人的工资中扣除。但每月扣除的部分不得超过劳动者当月工资的百分之二十。若扣除后的剩余工资部分低于当地月最低工资标准，则按最低工资标准支付。

也就是说，一旦你的行为被认定为构成单位经济的损失，并且这一条款在劳动合同上也有相应的说明，那么，劳动者就应当承担相应的责任，同时由于劳动者的过错，用人单位也可以解除劳动合同，这些都是符合法律的操作。但是对于经济赔偿上的认定，在法律上也有相关的认定，通常每个月最多只能扣除百分之二十。

幸福"法"宝小支招

对于很多初入职场的新人而言，如果在职场中处理工作方面的事务不够谨慎，或者不自觉地向他人透露了公司的机密，都很容易直接或者间接地造成工作失误，甚至导致公司的损失。因此，在工作中，除了应当获得相应的权利，同时还应当履行相应的职责，这是在职场中最应该有的职业操守。如何能够避免这些问题而不出现赔偿责任呢？

方法一：详读劳动合同中的赔偿条款

如果员工想在工作中规避自己可能承担的风险、避免工作中的失误带来公司损失，希望知道哪些有违公司的基本利益，那么在签订劳动合同之时，就应当详细了解用人单位的相关规章制度，并且在合同中应当标明在什么样的情况下需要承担相应的赔偿责任，同时还应有赔偿比例的说明，以及赔偿方式等相应条款，以保护自己的基本权益不受到侵害，心理上也能对自己进行预警，防止在工作中出错。

方法二：工作中不要擅作主张

在工作当中，应当遵照用人单位的制定的工作流程而进行工作，遇到不知应该如何处理的情况，不能擅自做出决定，如果草率行事，很有可能就会给自己惹上麻烦。应当及时地向上级主管部门请示，按照上级指示去工作，这是避免工作中出现自己失职的最好方法，也是最保险的方法。

方法三：收集有关证据

也有一些单位会违背我国的劳动法规，在规章制度中制定一些不成文的规定，在这种情况下，劳动者就应当提前了解熟悉相关的法律规定，并且应注意收集对自己有利的证据，只有这样才能在发生劳务赔偿纠纷的时候保护好自己的利益，

05 加班该不该讨要加班费

职场上的那些事儿：

丹丹在外贸公司工作，上半年公司业务不忙，所以工作时间也很规律，一直都是朝九晚五。可到了下半年，公司接下了一个款额较大的国外订单，不仅责任重，而且时间非常紧迫。面临着严峻的形势，老板提出相关人员必须全力加班，保证全新产品的顺利发出。

在最近的一个月中，丹丹每天的工作都超过了10小时，周末的双休也得不到保证，跟同事采取轮休的方式来跟踪订单的走向，1个月下来，她感觉自己整个人都瘦了一圈。但工作上的辛劳最终换来了完满的成果，大家顺利地完成了订单，心中都充满着成就感。

可是临到发工资时，丹丹和同事们却发现，公司并没有根据加班时间给予相应的补偿。虽然象征性地发出了一点额外工资，但与大家这段时间以来的辛苦付出完全不成正比。这点让人非常泄气，到底要不要向公司讨要加班费呢？

枕边说“法”

为了保障劳动者的权益，国家在颁布《劳动法》的时候，并不支持用人单位为了经济利润而安排员工长时间地从事超出劳动合同既定的 8 小时之外的工作，因为这实际上是在侵犯劳动者的权益。

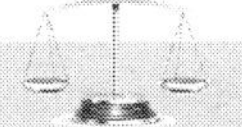

《中华人民共和国劳动合同法》

第三十一条　用人单位应当严格执行劳动定额标准，不得强迫或者变相强迫劳动者加班。

用人单位安排加班的，应当按照国家有关规定向劳动者支付加班费。

不过在实际操作的过程中，加班以及超时工作的情况总是不可避免，对此，法律上也给予了相应的说法，对员工应当采取一些相应的补偿措施，比如，给加班的员工支付一定的加班费。

尤其是这种突然要加班的情况，也实属无可奈何之举，但是对于员工加班加点完成的工作，用人单位应当给予补偿，支付加班费。如果用人单位疏忽或者有意规避此事，劳动者完全有权利要求其支付加班费。

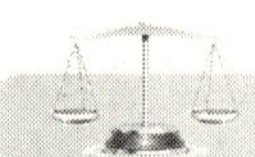

《工资支付暂行规定》

第十三条　用人单位在劳动者完成劳动定额或规定的工作任务后，根据实际需要安排劳动者在法定标准工作时间以外工作的，应按以下标准支付工资：

（一）用人单位依法安排劳动者在日法定标准工作时间以外延长工作时间的，按照不低于劳动合同规定的劳动者本人小时工资标准的百分之一百五支付劳动者工资；

（二）用人单位依法安排劳动者在休息日工作，而又不能安排补休的，按照不低于劳动合同规定的劳动者本人日或小时工资标准的百分之一百五支付劳动者工资；

（三）用人单位依法安排劳动者在法定休假节日工作的，按照不低于劳动合同规定的劳动者本人日或小时工资标准的百分之三百支付劳动者工资。

实行计件工资的劳动者，在完成计件定额任务后，由用人单位安排延长工作时间的，应根据上述规定的原则，分别按照不低于其本人法定工作时间计件单价的百分之一百五、百分之两百、百分之三百支付其工资。

对于加班费的给予，也并不是按照平时的工资来核定，同样的它也有相关的法律条款，如果是在平时延长加班，应当支付百分之一百五的加班费；如果是在周末加班，应支付百分之两百的加班费，如果是在法定节假日加班，则用人单位应支付百分之三百的加班费。劳动者可以根据这个向用人单位申请加班的劳动补偿。

幸福“法”宝小支招

很多职场女性在遇到加班工资“缩水”的情况时，往往忍气吞声，最多私下发发牢骚，却拿不出实际的解决办法，最后只能不了了之，任凭自己的应得利益受到损害。其实只要确实存在加班的情况，并且保留了相关的事实依据，你就能够合情合理地索要加班费，如果对方不愿支出应有的加班费，还可以向劳动部门申请仲裁，不过在此之前，你要掌握足够有力的证据，这些加班的证据应该如何收集呢？

方法一：加班要有实际的工作内容

也就是说，加班要以完成工作内容而定，有特定的工作内容相支撑，没有意义以及没有完成工作的加班，在法律上都不能作为举证的要素。如果是没有产生实际的工作结果，或者是为加班而准备的事项，以及缺乏特定的工作内容都无法被视为加班。

方法二：加班要获得上级审批

加班可以是上级要求，或者老板发话，整个团队都要加班。如果是自己认定自己需要加班，这种加班往往不被认可，也不能作为要求用人单位发放加班费的根据，因为不被上级认可的加班，很有可能在对方看来，你只是没有在额定的工作时间完成工作。

方法三：加过班吗？请举证

如果有加班的情况发生，那么请提供相关人员的证言、电子邮件或者谈话内容的录音等予以证明，并且要保证内容的真实性，而且要加以证明。只有这样才能顺利从用人单位拿到相应的加班费。

方法四：加班的时间要核实

加班的时间是申请加班费的关键要素，因此在每次加班的时候，就应当有相关的时间证明，比如门禁显示，或者周围有人作证，大家一起加班了多久，并且还应保留这些充分的证据，证明加班的基础事实作为时间的依据。

06

替代单位行贿，你也难辞其咎

职场上的那些事儿：

吴丽丽是一家知名钢材公司的会计，本来工作绩效一直都不错，每年都有加薪，可是近期由于国内钢材价格不稳定，公司的效益也受到了影响。

为了控制公司的成本，让公司与政府合作单位保持更加稳定的长期合作关系，为公司获得更多的材料利润，吴丽丽的上司要求她向对方单位的采购科主任行贿。吴丽丽虽然对这种做法颇不以为然，但想到顶头上司的要求自己不能违背，而且这也是为了公司的利益，自己只是一个办事的职员，应该跟自己没有太多的牵连，于是吴丽丽分三次向对方单位采购科的主任行贿，合计人民币约15万元。

不久东窗事发，采购科主任遭到检举揭发，而吴丽丽和上司以及所在公司都要面临行贿罪的处罚。让吴丽丽觉得不可思议的是，自己只是一个小职员，又不是主管人员，为什么自己也要受到法律追究呢？

枕边说“法”

提起行贿罪，很多人都会想到是为了个人的利益而行贿。但也有人行贿是为了集体的利益，可是为了公司乃至集体的利益行贿，就不用追究法律责任了吗？

虽然吴丽丽没有从中获得直接的经济报酬，看上去好像既清白又无辜，但在我国的《刑法》中，对单位谋取不正当利益而行贿的情况，有着明确的规定：

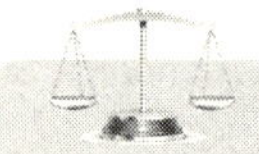

《中华人民共和国刑法》

第三百九十三条　单位为谋取不正当利益而行贿，或者违反国家规定，给予国家工作人员以回扣、手续费，情节严重的，对单位判处罚金，并对其直接负责的主管人员和其他直接责任人员，处五年以下有期徒刑或者拘役。因行贿取得的违法所得归个人所有的，依照本法第三百八十九条、第三百九十条的规定定罪处罚。

从中也可看出，除了个人单方面行贿之外，如果是替单位行贿，同样也属于违法行为。其中单位行贿一般指公司、企业、团体、事业单位、机关等为了谋取不正当的利益而行贿。即使其中的行贿主体不是个人，但是也代表了企业或者公司，牵涉其中的负责人或者职员一样要承担相应的刑事责任。

幸福“法”宝小支招

在职场中会面对各种各样的诱惑，同时还要完成上司交代的各种任务，如果上司要你去行贿，你该如何是好呢？到底是做好还是不做好？这是职场上一个非常严峻的问题，也是许多女性要提前知道并且预防的问题。

方法一：向行贿这种违法行为说“不”

人人都知道行贿是违法的行为，可是如果是上司的要求，很多人往往会选择妥协。但是，如果你提前知道行贿所必须担当的刑事责任，你还会去做吗？显然不会。对于这种违法的事情，要坚决说“不”，并且引以为鉴。如果上司说服你，你难以拨开情面，你可以先开导上司，说明事情的严重性，实在没有办法推诿，可以选择辞职来表明你的立场。身处在一个靠行贿而发展壮大的公司，你的职业之路也会被抹上黑点。

方法二：去检察机关自首，请求宽大处理

当然也有一些循循善诱的上司，会提出各种优厚的条件，引诱你完成行贿这件事情，比如提升你的职位，给你加薪，事成之后给你提成等。一时动心的你完成交代的工作之后，难免会遭受内心的谴责，以及心里的惧怕感，这种情况最好去检察机关自首，交代事情的原委，一经判定之后，法院会根据你的自首行为，给予相应的宽大处理，同时也能获得内心的踏实感。

···· 07 ····

怀孕期间不能终止劳动合同

职场上的那些事儿：

几年前，胡琳与原单位终止了劳动合同，在猎头公司的介绍下进入了一家投资公司工作，在试用期合格之后，公司与她签订了两年的劳动合同。胡琳在工作岗位上非常的认真，受到了不少同事以及主管的认可，在此期间，她还恋爱了，与男友的关系也非常的稳定，不久后就在家人的要求下顺利成婚了。

婚后不久，胡琳得知自己怀孕了。知道了这个好消息，全家人都喜上眉梢，而此时也正值她劳动合同到期之时。这天，人事经理把胡琳叫进办公室，高兴的胡琳以为公司要续签劳动合同了，人事经理却告诉她：因为胡琳怀孕的缘故，公司从用人成本上考虑，将不再与她续签劳动合同，请做好离职的准备。突如其来的打击让胡琳难以接受，可是公司有权利这么做吗？

枕边说“法”

很多女性在结婚之后，就会面临着怀孕生子的人生必经阶段。这原本是一件令人高兴的事，但对于职业女性来说，却常常是职业生涯的转折点。如果单位以此为由而中止劳动合同，对职业女性无疑是严重的打击。不过，用人单位真的有权利这么做吗？这种行为是否合法呢？

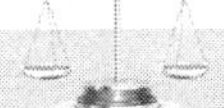

《中华人民共和国劳动法》

第二十九条 劳动者有下列情形之一的，用人单位不得依据本法第二十六条、第二十七条的规定解除劳动合同：

（一）患职业病或者因工负伤并被确认丧失或者部分丧失劳动能力的；

（二）患病或者负伤，在规定的医疗期内的；

（三）女职工在孕期、产期、哺乳期内的；

（四）法律、行政法规规定的其他情形。

这也就是说，根据我国的劳动法规，女职工在孕期的劳动权益受到了法律保护，用人单位不能给予解除。

而胡琳的情况又更为特殊，公司在此时并没有解除与她的劳动合同，但由于处在旧合同快要到期的时间点，公司拒绝了在合同约满之后进行续签。这样的情况，公司行为看似并无漏洞，但实际上，关于贯彻《劳动法》的若干意见中，对于女职工的特殊情况，又作了一个相应的补充性规定：

《最高人民法院关于贯彻执行〈中华人民共和国劳动法〉若干问题的意见》

第三十四条　除劳动法第二十五条规定的情形外，劳动者在医疗期、孕期、产期和哺乳期内，劳动合同期限届满时，用人单位不得终止劳动合同。劳动合同的期限应自动延续至医疗期、孕期、产期和哺乳期期满为止。

所以，即便是女性在所签订的劳动合同即将到期并且终止的情况下，用人单位也不能因为女性即将生育而终止续签劳动合同，这样的行为是不合法的。《劳动法》对于身处在孕期的女性给予了特殊的保护，在没有主观劳动过错的情况下，不仅不能解除女性的劳动合同，如果是合同到期还应自动延续，直至女性哺乳期完毕。

幸福“法”宝小支招

对于一些签订了短期劳动合同的女性来说，如果没有工作上的失误，自己在怀孕之后，即便在劳动合同到期的情况下，单位也应该续约，一直到哺乳期结束后，单位才有权利终止合同。否则，你完全可以不用顾忌对方的面子，直接跟单位法庭上见。当然，换个角度看，如果你有工作上的失误，主管有错可挑，处境就变得艰难了，那么身处的职场的女性如何做才能避免这些麻烦呢？

方法一：好记性不如烂笔头

在怀孕前面对工作要兢兢业业，这是每位女性必须的职业操守。如果一旦发现自己怀孕，在工作中，做个细心的人就能避免自己犯错。为什么要这样呢？因为很多在孕期中的女性，记忆力就会大不如前，这是孕期的表现之一，转换到工作上，多做做笔记，或者记事帖，设置备忘录，同时碰到重要的事情，还可以关照周围的同事提醒自己，这样就能避免自己犯错，从而被公司挑剔。

方法二：充足的休息更有利于工作

在怀孕的过程中，女性会更容易感觉疲倦，特别是在工作中，一旦产生疲倦感注意力就没法集中，工作上也就难免会发生差错了。这种情况下，不仅要在家保证充足的睡眠，同时在工作中，如果觉得累，就应该适当调节一下，比如换一个坐姿，把椅子调整到舒适的高度，不要弯腰驼背，头和身体要同电脑屏幕保持一定的距离。而脚可以放在离地高一点的地方，这样身体就不会觉得那么疲倦了，同时还能减少电脑对自己的辐射，以及静脉曲张和水肿。

方法三：提前准备同事结档

有一些女性在孕期之后，由于工作性质的问题，如职位的强度比较大、会接触到有害物质或者环境辐射大等原因，会转到内勤的工作上，比如前台接待、考勤人员等，但是孕期有不少的女性会出现妊娠反应，如果有呕吐的感觉，不妨提前准备手帕、纸巾、塑料袋等物品。如果你是“一线”的接待人员，还要提前跟周围的同事打好招呼，以便于她们在你去洗手间的时候暂时接替你的工作，以免上司来检查的时候发现你离岗。

08
未婚先孕能享受产假吗？

职场上的那些事儿：

去年6月，杨颖为了与异地的男友团聚，来到了男友所在的城市，并应聘到某公司工作，跟公司签订了1年的劳动合同。半年多过去了，杨颖觉得爱情甜蜜、事业也进行得不错，正值人生顺风顺水之时，她发现自己怀孕了。杨颖和男友都非常开心，想到自己年龄不小了，于是决定生下这个孩子。

正当她准备向公司申请产假待遇以及基本的生育补贴时，公司竟然告知她，没有结婚、未婚先孕的情况，违反了公司的纪律，所以杨颖没有产假，同时也不能享受生育保险等待遇，如果想申请产假，就拿结婚证来。

杨颖觉得公司的做法实在太过分，而公司则觉得杨颖未婚先孕，申办生育保险非常麻烦，不如自动辞职的好。双方为此事产生了不少的纠纷，杨颖整日忧心忡忡、心神不宁，公司有道理这么做吗？

枕边说“法”

首先我们来普及第一个法律常识，女职工正常的产假应该是多少天呢？

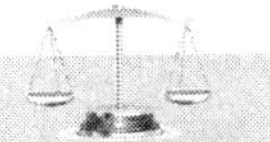

《女职工劳动保护特别规定》

第七条　女职工生育享受98天产假，其中产前可以休假15天；难产的增加产假15天；生育多胞胎的，每多生育1个婴儿，增加产假15天。

如果女职工是未婚先孕的，她还能享受到与已婚女职工一样的产假吗？答案是肯定的。这也是出于法律对妇女儿童的保护。其中女职工有98天的产假，一般分为产前假和产后假两部分。即产前假15天，产后假83天。若孕妇提前生育，可将不足的天数和产后合并使用；若孕妇推迟生育，可将超出的天数按病假处理。

因为女职工生育产假没有限定是否已婚，因此怀孕的女职工就应有产假，而不管是否已经结婚，这一点是法定认可的。当女职工提出要休产假，任何公司和单位都无法拒绝，并且应当无条件地批准。那么，公司有没有权利辞掉女职工呢？

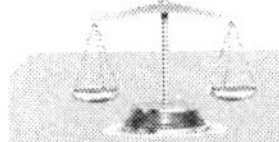

《中华人民共和国妇女权益保护法》

第二十七条　任何单位不得因结婚、怀孕、产假、哺乳等情形，降低女职工的工资，辞退女职工，单方面解除劳动（聘用）合同或者服务协议。

根据我国《妇女权益保护法》，公司也不能辞掉在怀孕期的女职工，未婚先孕的女职工在享受产假期间，公司或者单位不能以此为理由解除女职工的劳动合同。

不过在此需要说明的是，虽然未婚先孕可以享受到90天产假的待遇，单位也不能解除劳动合同，但是她不能享受到相应的产假待遇。产假和产假待遇是不同的两个概念，而未婚先孕违法了我国计划生育的政策。也就是说，未婚先孕的女职工不能和已婚怀孕的女职工同等享受产假期间的相关待遇，比如检查费、接生费、手术费、住院费、药品费以及生育津贴等。

幸福“法”宝小支招

随着社会的发展和观念的开放，未婚先孕已经成为一个并不罕见的社会现象，未婚妈妈仍然能得到人们的恭喜与祝福。但是在劳动领域，未婚先孕却很有可能遭受到不公平的待遇。即使能够以法律为武器，维护自己应有的待遇，但对于新妈妈来说，仅有产假却没有相应的待遇补贴，是远远不够保证生活质量的。遭受的心理和生活压力之大，对女性的生理健康也有相应的影响。发生这种情况，究竟是否应该将孩子生下来，女性应该如何正确面对呢？

跟男性相处，要懂得保护自己

未婚先孕主要是未经过结婚登记手续的男女发生性行为后，而导致女性怀孕的现象，这是婚前性行为的直接后果之一，如果两人感情稳定，将来能顺利地走入婚姻殿堂，自然是一桩美事；但如果两人关系发生变数，最终很多未婚先孕的女性都会通过人工流产来结束腹中孩子的生命，但凡经历过此事的女性，往往在心理上会有不同程度的自卑感和罪恶感。也就是说，未婚先孕很容易让女性处于不利的境地，也较容易受到权益上的损害。

与其经受这样痛苦的过程，女性朋友还不如在一开始就保护好自己，可以直接拒绝男朋友的性需求，或者在发生性关系的时候，使用安全套，这样都能使自己免受伤害。

决定未婚先孕，还不如领证“合法化”

如果怀孕了，与其决定将这个孩子生下来，还不如跟男友商量去领结婚证，这是对女性权益的最大保证，也能使女性在工作中享受到应有的福利待遇。当然，如果双方一开始就没有结婚的打算，在发生性行为之时就要慎重考虑一下两人的关系了。需要提醒的是，单方面决定未婚先孕的女性，孩子的成长需要父母充足的爱，如果你想一个人又当母亲、又做父亲，无疑需要承担更多的生活重任，同时对孩子的健康成长也有影响。

⋯⋯ 09 ⋯⋯

流产也能享受产假待遇

婚姻场上的那些事儿：

丁丁今年刚结婚，由于小两口都还年轻，而且都在事业奋斗期，所以两人都没打算要孩子。可是事情发展往往出乎意料，丁丁竟然不小心怀孕了。公司里繁忙的工作容不得她休息，她仗着自己年轻身体好，继续坚持工作，但这几个月来业务压力实在太大，她每天早出晚归，又常常熬夜，在孕期两个月的时候，竟然流产了。

不得已，丁丁向公司提出了休假，但上司却告诉她，目前公司非常繁忙，而且丁丁并不是正常生产，所以不批准她的休假，要求她继续上班。丁丁本打算撑着身体熬下去，丈夫却不忍心看她再糟蹋身体，劝她干脆自行休假。丁丁也觉得自己实在不该拿健康开玩笑，就直接休息了半个月才回去上班。

谁知道这个月发工资的时候，丁丁发现自己账上一分钱都没增加。去询问公司财务，才知道公司认为她无故旷工了半个月，所以扣除了她本月的所有工资。丁丁对此非常不服气，她打算向劳动仲裁部门求助，把自己该得的工资要回来。

枕边说“法”

众所周知，女性在怀孕和生育期间，都能享受一定的产假待遇。然而，如果女性一旦遭遇了流产，是否还能够享受产假待遇呢？事实上，我国针对女职工怀孕和流产时的产假，都是有规定的。

《女职工劳动保护特别规定》

第七条　女职工怀孕未满 4 个月流产的，享受 15 天产假；怀孕满 4 个月流产的，享受 42 天产假。

由此可见，即使女性在孕期突然遭遇了流产，按照规定，同样也可以享受一定时间的产假。因为无论是足月生产，还是在孕期中途不慎流产，都同样会给女性的身体造成严重影响，为了保护身体的健康，女性完全应该勇敢地维护自己的合法权益。上述例子中，丁丁所在公司不愿批准丁丁的产假，甚至强行扣除了丁丁的工资，其行为都是不合理的，丁丁可以根据相关规定对公司提出要求，或者申请劳动仲裁。

那么，如果流产后想要享受产假，其产假可以休多久呢？这又是一个问题。流产后的产假，与女性生产后的产假规定有所不同：

《关于女职工生育待遇若干问题的通知》

第一条 女职工怀孕不满四个月流产时，应当根据医务部门的意见，给予十五天至三十天的产假；怀孕满四个月以上流产时，给予四十二天产假。产假期间，工资照发。

上述例子中的丁丁是在孕期两个月的时候流产的，根据规定，她可以去医院咨询医生的意见，要求医生根据自己的身体检查情况开出证明，将证明交给单位，从而享受十五天到三十天的产假。而在产假期间，公司必须照常给她发工资。但是在例子中，公司不仅不肯批假，反而扣除了丁丁的工资，应当责令其支付劳动报酬，并做出经济补偿。

幸福“法”宝小支招

根据法律规定，即使女性在孕期不慎流产，也可以享受产假和正常的工资。但是在实际生活中，许多女性都遭遇了和丁丁一样的情况。公司以种种理由推脱，不肯批准产假；或者即使批准了产假，也以各种名目减少工资、完全不发假期工资，甚至还要扣除一定的工资；又或者，有的公司甚至直接与女员工解约。那么，如何避免这些情况的发生呢？

应聘前，观察公司福利待遇是否规范

对女性来说，在组成一个家庭时，与其发现丈夫婚后的种种毛病再为之烦恼，不如婚前就谨慎而仔细地观察对象，选择最满意的对象结婚；而在职场上也是一样，女性与其在日后与公司发生劳动纠纷时绞尽脑汁，不如在去公司应聘前，就仔细打听该公司的福利待遇及相关操作流程是否规范，在该

行业内部的风评是好是坏，然后再做出选择。

要知道，个人相对于公司毕竟是弱势群体，在劳动仲裁之后即使获得了赔偿，也可能对未来的职业发展造成阻碍。所以，不妨未雨绸缪，事先对公司进行多方面的了解，如果公司确实比较规范，再前去应聘；如果从多方了解来的信息，显示该公司曾多次与职工发生劳动纠纷，那么就要谨慎对待。

去正规医院检查，保留各项医院单据

女性在发现自己怀孕时，一定要去**正规的医院**检查，这样，无论是将来足月生产，还是中途不慎发生流产，医院开出的单据都是正规而且有效的，才能够受到单位的承认。而如果在不正规的医院进行检查，这些医院不仅无法开出有效的证明，让女性无法享受到本该享受的产假，还可能因为医院操作不规范而对女性的身体造成危害。

10
这些工作，孕期的你有权拒绝

职场上的那些事儿：

王欢从毕业之后一直都在一家大型的超市从事仓库管理的工作，合同一签就是5年，虽然如今的仓库管理已经日趋机械化，但是免不了需要长时间站立、站在高处查看货架上的物品等，有时候还需要搬运重物。王欢常常和同事们开玩笑：这份工作，女人都得当成男人使。在这样的环境下，王欢工作了3年。

不久前，王欢发现自己怀孕了。医生建议王欢不要再从事需要长时间久站，以及频繁下蹲、弯腰的工作，否则不能保证胎儿的正常发育。听到医生这样的说法，王欢开始重视起来，并回到公司请求调离岗位，希望可以转为内勤工作人员。可申请已经递交了好多天了，一直都没有音讯，人事部门老是以内勤已满、无法调离来搪寒王欢，让王欢很是头疼，到底是拒绝工作岗位还是继续干下去呢？

枕边说“法”

现在绝大多数职业女性因为怀孕的关系在就业中常常会面临更大的压力，除了应该享受到的基本福利，身处孕期中的你，有些工作还可以直接拒绝：

《女职工禁忌劳动范围的规定》

第六条　怀孕女职工禁忌从事的劳动范围：

1. 作业场所空气中铅及其化合物、汞及其化合物、苯、镉、铍、砷、氰化物、氮氧化物、一氧化碳、二硫化碳、氯、己内酰胺、氯丁二烯、氯乙烯、环氧乙烷、苯胺、甲醛等有毒物质浓度超过国家卫生标准的作业；

2. 制药行业中从事抗癌药物及己烯雌酚生产的作业；

3. 作业场所放射性物质超过《放射防护规定》中规定剂量的作业；

4. 人力进行的土方和石方作业；

5.《体力劳动强度分级》标准中第Ⅲ级体力劳动强度的作业；

6. 伴有全身强烈振动的作业，如风钻、捣固机、锻造等作业，以及拖拉机驾驶等；

7. 工作中需要频繁弯腰、攀高、下蹲的作业，如焊接作业；

8.《高处作业分级》标准所规定的高处作业。

这些都是国家在法律上加强对女职工以及胎儿健康维护的体现，如果在孕前你就是从事这些工作，那么在怀孕后，你完全可以拒绝，以及向上申请调离这些岗位。因为以上工作，都是经过医学检测之后，发现很容易引发孕妇妊娠综合症，严重的会导致胎儿先天畸形或者流产。因此。为了胎儿的健康，已经怀孕的女性尤其要注意。如果单位无视你的请求，你可以请求法律的帮助。

幸福“法”宝小支招

事业和孩子是很多已婚女性两难的选择，特别是在又要工作，又要孕育胎儿的情况下，要做到怀孕、工作两不误非常考验个人能力，加上大部分的女性都会选择在临产前半个月都还坚持在工作岗位上，因此，在孕期有些工作不能从事就坚决不能做，有法律支持，你完全可以跟主管说“不”，否则对胎儿不利，会造成终身的遗憾。

提前沟通，调整职位

如果女性对自己身体可以从事的工作不清楚的话，可以直接跟医生沟通，听取医生的建议，看看自己工作中哪些地方需要调整的，然后回到公司再跟人力资源部门商量一下，转换工作的职能。一般会建议女职工转为内勤，准妈妈也不用担心自己不能胜任这份工作，只要自己努力适应都不是问题，多学多问，寻求在职同事的帮助。

在工作中让自己处于轻松的状态

在怀孕之后，身体的重心会发生变化，在日常的基本活动中身体要做出适当的调整，比如举重物的时候要用腿部的力量，而不是腰部；下蹲的时候不能弯腰捡东西。尤其在临近预产期的时候，不能做那些爬上爬下，或者要长时间站立或者坐着的工作。可以跟主管沟通一下，让你在上班可以休息一段时间，或者走动一下，促进腿部的血液循环，让自己的状态在上班时感觉非常轻松，这对胎儿的健康更有好处，以免身体太累，胎儿发育不全或者流产。

面对电脑的时间要控制

现在很多的工作都离不开电脑，虽然并没有数据表明长时间面对电脑会导致胎儿的发育不良，但是电脑以及办公设备带来的辐射确实对健康会产生相应的影响。如果你的工作性质是需要经常面对电脑，那么，请设置一下日程表，在工作一段时间之后就停下来休息一下，或者练习一下孕妇操，活动一下头、手、肩膀、下肢、颈部等关节，可以很好地促进身体血液循环。

提前做好工作的交接

在你准备回家休产假之前，最好安排一个时间跟你的主管、下属以及同事，进行一个简短的工作交流，配合主管的工作安排，帮助你的同事接受你的工作等。此外，在回家之后还应在固定的时间跟同事打电话沟通，这样可以保证工作的顺利完成，还会联络同事之间的感情，而你也相当于在密切关注这家公司的动向，这些都能为你将来重新返回岗位做好充足的准备。

11

产假时的工资不能“缩水”

职场上的那些事儿：

杨蕊在一家外贸公司从事销售助理的工作，之前的工作都干得挺不错，经理也对她十分满意，6月份杨蕊发现自己怀孕了，非常高兴，在坚持工作了一段时间之后，顺利休了产假。

待杨蕊把宝宝生下来之后，查工资卡发现，自己的工资只发了一个半月的，打电话询问财务时，被告知在休产假的90天里面，因为没有工作，相当于没有为公司创造利益，所以基本工资要减半。得到这个回复，杨蕊非常生气，因为在得知自己怀孕后，就跟人力资源部门了解过，公司对孕期的女职工都很照顾，不会出现违法的行为。可是现在却克扣自己相应的工资，简直太让人伤心了。

枕边说“法”

不管在任何单位或者公司工作，处于孕育期的女职工，不仅有产假，而且还应有自己的基本工资，同时在产假期间工资不能“缩水”。

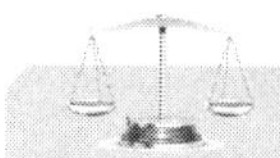

《劳动部关于女职工生育待遇若干问题的通知》

第一条 怀孕不满四个月流产时，应当根据医务部门的意见，给予十五天至三十天的产假；怀孕满四个月以上流产时，给予四十二天产假。产假期间，工资照发。

在我国，产假工资的发放分两种情况：一种是企业职工，如果单位购买了生育保险，那么产假期间的工资，就有生育保险机构按规定发放；如果没有给女职工购买生育保险，那么基本工资就由企业发放。基本工资不能少，但是其他涉及全勤奖、绩效考评等，可以酌情不发放。

而另一种情况则是女职工为事业单位、机关工作，产假期间工资的发放就要按照《人事部关于机关、事业单位女职工产假期间工资计发问题的通知》来定。

有些在管理上有疏忽的公司，没有跟女职工签订劳动合同，倘若女职工休产假，只要能与原公司存在事实的劳动关系，那么，在产假期间的工资就应当全额发放。

幸福“法”宝小支招

女性在职场上有着举足轻重的地位，同时在女性的身上还肩负着孕育生命的特殊使命。而在职场上处于孕育期的女性，不仅应该有产假，还应有基本工资以及相关的生育补贴。可是遇到用人单位克扣产假工资，到底该怎么处理比较好呢？

方法一：协商解决

孕育期的女性在工作上应该受到一定程度上的优待，基本工资就是其中的一种。如果单位有克扣，可以就此直接交涉，女性们也千万不要示弱，极力争取自己的权益才是，待双方协商一致后初定一个解决的方案，这种是最友好的解决方式。

方法二：申请劳动仲裁

当然，碰到一些特别不容易对付的公司，可以直接向劳动仲裁部门请求帮助，要知道你的请求是合情合法的，同时在此之前，你也应该保留一些基本的证据，比如**劳动合同**、**工资发放清单**、**社保记录**等，为劳动仲裁部门的核实工作更顺利地进行。

方法三：委托律师代理

此外还可以选择委托律师来代理，而且你的要求完全符合法律程序，属于有理的一方，完全不用担心打官司会输。此外，如果公司连这点保障都不能给予你，这种公司也没必要干下去，所以，也完全不用觉得闹上法庭后，用人单位与你会撕破脸面。

12

辞职了，谨防单位扣留档案

职场上的那些事儿：

刚刚毕业的赵婷跟一家杂志社签订了3年的劳动合同，她的工作主要是从事公关媒介，维护跟广告商的良好关系。由于赵婷有着过硬的专业素质，形象气质又不错，所以她所负责的版面广告效益非常不错。

但随着赵婷的工作经验越来越丰富，她开始觉得杂志社限制了自己的职业发展。在合同到期之后，她准备不再续约而直接跳槽到市内某报刊的广告公关部去工作。而杂志社的部门领导得到这个消息后却不肯放人，并且不想将赵婷的职工档案交给她。因为在他们看来，赵婷在杂志社工作这么多年，积攒了不少的广告人脉资源，现在辞职去报社，肯定把杂志社的客户也带走了。

为此，赵婷交涉几次都没有结果，报社总在催她入职，而杂志社就是不肯办理职工档案转移手续，可是用人单位有权利扣押职工的档案吗？

枕边说“法”

用人单位没有权利扣押劳动者档案，这种行为不合理，也不符合我国的相关法律规定：

《企业职工档案管理工作规定》

第十八条　企业职工调动、辞职、解除劳动合同或被开除、辞退等，应由职工所在单位在一个月内将其档案转交其新的工作单位或其户口所在地的街道劳动（组织人事）部门。职工被劳教、劳改，原所在单位今后还准备录用的，其档案由原所在单位保管。

如果因为用人单位的扣押职工档案的做法造成了劳动者的损失，还应承担相应的赔偿责任，加上员工是在跟用人单位劳动合同到期的情况下，提出辞职的要求，相当于已经解除了劳动合同，那么用人单位没有权利持有员工的档案，并且应当尽快地归还给员工。否则，从程序上讲，还应追究其责任并且处于相应的行政罚款，甚至赔偿其损失。

幸福“法”宝小支招

有些对档案不看重的朋友，觉得转移不转移档案无所谓，其实这是一种非常错误的想法。尤其是到了要考公务员、申请职称或者办理转正定级等手续时，档案就发挥了非常重要的作用，它不仅记载了你的学历、工作资历、人生轨迹等各方面的重要事项，还是你办理各种社会保险的重要依据。因此，如果在辞职中遇到了单位不转移档案的问题，一定要采取法律的手段挽回自己的利益。

方法一：一切依法而来

在劳动合同到期之前，劳动者就应当提前30日以书面的形式告知用人单位，这是解除劳动合同的合法程序，也是必要条件，同时也符合法律程序。而到了30日之后，无需征得用人单位的同意，就可以单方面提出办理档案转移手续，如果对方不办理或者扣押，就属于违法行为。

方法二：申请劳动仲裁部门帮忙

对于用人单位扣押档案的这种做法，可以采取实名举报的方法，打电话到当地劳动和社会保障局进行投诉，然后向劳动仲裁部门申请仲裁转移档案，如果用人单位置之不理，你可以直接向法院起诉。在申请劳动仲裁时，必须在劳动争议发生之日的**六十天内**向劳动争议仲裁委员会提出书面申请，如果超过了这个时间，则申请无效。

PART FOUR 第四章

房车生活篇

完美居行，女人幸福有法可依

01

新房验出了问题，如何维权

房车上的那些事儿：

陈丹丹在好友的推荐下选定某房地产开发公司的一套房屋，并且签订了购房合同，之后也顺利地办妥了银行贷款事宜。

1年之后，开发商就通知陈丹丹收房，接到这个消息陈丹丹高兴坏了，拿着卷尺、小锤子以及各种验房工具准备去收房。结果一经测量之后，发现实际房屋面积比之前合同中的面积少0.5个平方，并且有几个窗户的把手都有问题，用小锤子敲一下，室内还有好几处空鼓的现象，同时还有裂缝的情况存在，做了厨卫的24小时防水测试之后，防水质量也不过关，还有水渗透到楼下了，这样的房屋质量让人揪心不已。

虽然已经在验房之后提出了拒绝收房的建议，可是面对这样的房子又该如何为自己维权呢？想找开发商退房，结果对方宣称，只能维修不能退房。想着这些买房的钱都是父母的老本，现在收房却是这个样子，简直让陈丹丹难过极了。

枕边说“法”

自签订购房合同的那一天起，开发商就应该为承建的房屋负相应的责任：

《城市房地产开发经营管理条例》

第十六条　房地产开发企业开发建设的房地产项目，应当符合有关法律、法规的规定和建筑工程质量、安全标准、建筑工程勘察、设计、施工的技术规范以及合同的约定。

房地产开发企业应当对其开发建设的房地产开发项目的质量承担责任。

勘察、设计、施工、监理等单位应当依照有关法律、法规的规定或者合同的约定，承担相应的责任。

而一旦房屋的质量出现相关的问题，并且不符合我国关于建筑工程质量、安全标准、建筑工程标准、施工的技术范围等合同的约定，就可以要求开发商退房或者要求为其损失而承担赔偿责任：

《城市房地产开发经营管理条例》

第三十二条　商品房交付使用后，购买人认为主体结构质量不合格的，可以向工程质量监督单位申请重新核验。经核验，确

属主体结构质量不合格的，购买人有权退房；给购买人造成损失的，房地产开发企业应当依法承担赔偿责任。

也就是说，在新房验收的过程中，出现了相关的问题之后，必须要有关部门鉴定，如果主体结构不符合国家关于建筑结构规范等条款，判定为主体结构不合格后，那么购买人可以直接退房；但是如果房屋的质量非主体结构问题，而是涉及门窗、空鼓等小问题，开发商要承担赔偿责任，并且及时维修。

幸福“法”宝小支招

当接到开发商寄送的收房通知书时，很多朋友都会沉浸在高兴之中，想着房子马上就要到手了，自己也能很快就住进去了。当然，这种高兴理所应当，可是在收房的过程中也不能掉以轻心，这其中还涉及很多法律层面上的问题，也是纠纷发生最多的阶段。

在收房时，如果遇到开发商违约的情况，购房者必须要维护自己的合法权利。而维权并不是从查看房屋质量时才有，而是领到新房钥匙的那一刻开始。

商品房交付，以接受开发商钥匙为准

在接收到收房通知书时，即可认定为开发商交付的房屋已经是竣工验收合格后的房屋，并且还应有竣工验收备案书，否则就不能视为可以顺利交付的房屋。而商品房的交付以什么东西为准呢？在法律上也有相应的解释：对房屋的转移占有，视为交付使用。也即是说“交钥匙”即可视为新房交付使用。

因此，在收房的时候要尤其慎重，应当是在房屋实际状况查验清楚的情况下，才能接受开发商钥匙。

开发商必须出示五个重要文件

根据我国《城市房地产开发经营管理条例》，房地产开发企业开发建设的房地产项目，应当符合有关法律、法规的规定和建筑工程质量、安全标准、建筑工程勘察、设计、施工的技术规范以及合同的约定。也就是说，在向购房者交付商品房时，还应出示相关有效法律文件。必备的文件有五个：1. 房屋《住宅质量保证书》；2.《住宅使用说明书》；3.《竣工验收备案表》；4. 面积实测表；5. 管线分布竣工图。其中《竣工验收备案表》最为重要，如果缺少任何一项，都可以直接拒绝收房。

逾期交房可追究开发商责任

逾期交房就是开发商在合同约定的时间不能按时交付房屋给购买者。这里分两种情况，第一种是不可抗力因素导致房屋逾期，如遇到雨季、天灾人祸等，这种无能为力的情况导致交房时间延后，则不能追究开发商的责任；而另一种情况则是由于开发商造成的不能免责的事由，导致不能交房。这时，购房者就能追究开发商逾期交房的责任。包括支付一定的违约金和接受购房者在一定的条件下解除合同等。

验房出现问题，维权理所应当

对于在验房过程中出现的房屋质量问题、面积误差问题、小区设计有变更、绿化没达到要求等问题，要分清楚那些是主体结构问题，如果是主体结构问题，购房者有权利退房以及让开发商补偿或赔偿损失。如果有些问题是可以修正以及维修的，就应极力要求开发商在约定的时间内处理，否则可以要求开发商承担违约责任。

02

按揭贷款的房屋可以退吗?

房车上的那些事儿：

不久前，丽萍跟男友徐涛经过几番的看房之后，终于将目标锁定在了距离在两人工作都不远的某小区里的一套三室一厅的房子。筹集到首付款之后，就在银行申请办理了按揭贷款的手续。

可是不久后，徐涛的公司就陷入了资金周转不灵的境地，加上丽萍的母亲突发脑出血，家里非常需要钱来解决这些问题，加上一时间也难以找朋友能够筹集到这么多钱，两人思考一番之后，决定退掉刚买不久的房子，说不定能够找开发商要回首付款解解燃眉之急。

可是，不知道丽萍已经交付了首付款和还了部分贷款的房子，可以顺利地找开发商退掉吗？　这种情况符不符合法律的基本程序呢？

枕边说“法”

这种情况，丽萍无法要求向开发商退房，只能与开发商或者银行协商解决经济上的燃眉之急。在我国《合同法》中关于此项有着明确规定：

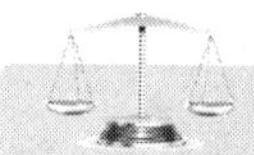

《中华人民共和国合同法》

第八条　依法成立的合同，对当事人具有法律约束力。当事人应当按照约定履行自己的义务，不得擅自变更或者解除合同。依法成立的合同，受法律保护。

对于双方依法而成立的合同，双方都应该按照最初的约定好好履行自己的义务，不能想当然的就解除或者擅自变更合同中的内容。

特别是与开发商签订了《房屋购买合同》，然后与银行签订了《按揭贷款合同》的情况下，就应当按照合同约定履行义务，否则就要承担相应的违约责任。

但是也有一种情况是可以直接退房的：

《商品房销售管理办法》

第三十五条　商品房交付使用后，买受人认为主体结构质量不合格的，可以依照有关规定委托工程质量检测机构重新核验。经核验，确属主体结构质量不合格的，买受人有权退房；给买受人造成损失的，房地产开发企业应当依法承担赔偿责任。

由此可见，在开发商没有违约责任时，单方面无法解除合同，仅仅是在开发商的房屋质量有问题的情况，才可以直接退房。因此，如果想跟开发商解除合同，就只能与开发商以及银行进行协商，从首付款中扣除一定的赔偿金和违约金来处理。

幸福“法”宝小支招

在经济上实在周转不灵没有办法要退掉房子，这种情况不多见，有些女性朋友在得知在开发商不违约的情况下房屋不能退之后，难免有泄气之感，可这是按照法律条款来执行的，如果不能退房，利用按揭的房子怎么样处理才能缓解当务之急呢？

方法一：支付违约金来退房

如果在开发商没有违约的情况下而退房，可以看一下合同的条文，一般购买方需要支付一定的违约金和补偿金。需注意的是，只有期房可以这样处理，同时必须经过开发商和银行的同意。但是如果不是期房，是现房，同时房产证都已经办理好了，就只能放到二手房产交易中心去了，而且不能退房。

方法二：直接买卖来处理

只要期房已经还银行贷款一年就可以买卖处理了。但是在买卖之前，要办理过户手续时，需要你垫资从银行将产权证的原件赎出来。而欠银行的剩余贷款，可以互相商量一下，是自己把剩余的钱还完，还是让买房人帮你还贷款。

方法三：找相应的担保公司

如果是找银行贷款，基本上是不成立的，因为按揭房屋已经相当于是抵押贷款了，同一标底物是不能进行二次抵押贷款的。但是可以找外面的比较正规的贷款担保公司，寻找两个可靠的担保人替你担保，以及用你的房子作为抵押，也是可以解救燃眉之急。不过，一定要在合同约定的时间，返还贷款，不然利息就会增多，按揭房也有可能划到别人名下。

03

房屋被挡光，立即索赔是你的权益

房车上的那些事儿：

罗慧琴最近烦透了，因为小区对面朝阳的位置正在建设二期房，距离自己家可近了，近30层的楼房拔地而起，把自己家的阳光活生生挡了个严严实实。之前罗慧琴在自己家楼上就能看到街心公园的美景，还有远处的湖泊，而现在美景看不到了，而阳光也完全挡没了，晾晒都成了一个大问题。

加上现在通风条件也被破坏了，在房间里的空气变得完全不对流，在家里待着都会觉得气闷，而两栋楼之间相隔只有三四十米，要是以后对面有了新住户，估计每天都要拉上窗帘过日子了。想着自己以前花了那么多钱买了这里的房子，就是因为看中了周围的环境，可现在因为小区二期房的建立，房子的整体的价值严重受损。

为此，罗慧琴觉得开发商建筑的二期房侵犯了自己的采光权、隐私权、居住权等，要求开发商赔偿自己的房屋贬值费。这样的索赔能有个结果吗？

枕边说“法”

近年来，关于房产采光的纠纷越来越多，实际上，在我国法律对此项有着相关的规定，开发商建造建筑物，是不可以违法国家有关工程建设的标准的，尤其不能妨碍相邻各方建筑物的通风、采光和日照，并且对居民的通风、采光和日照还要有明确的保护。

《中华人民共和国物权法》

第八十九条　建造建筑物，不得违反国家有关工程建设标准，妨碍相邻建筑物的通风、采光和日照。

由此可见，在开发商建造房屋之时，就应当提前测算新建筑物对周围居民的生活影响，如果经有关部门测算之后，确实在这一方面有硬伤，就要对权力受损的住户进行赔偿。

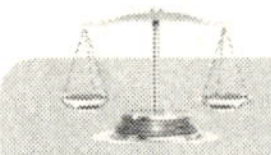

《中华人民共和国民法通则》

第八十三条　不动产的相邻各方，应当按照有利生产、方便生活、团结互助、公平合理的精神，正确处理截水、排水、通行、通风、采光等方面的相邻关系。给相邻方造成妨碍或者损失的，应当停止侵害，排除妨碍，赔偿损失。

根据我国《国家标准城市居住区规范设计规范》的规定，大城市的住宅日照标准为大寒日要大于两小时，冬至日要大于1小时，如果是有老年人居住的房屋，日照标准不得低于每日两小时；而在原设计之外增加新的建设都不能使相邻住宅的日照降低。因此只要房屋被挡光，完全可以向开发商请求赔偿，这是挽回你的损失的最有效方式。

幸福“法”宝小支招

精挑细选看中的房屋，后期因为附近新建的高楼而被挡光，着实让人生气。可是发生一种情况之后，女性朋友们，还应仔细掂量一下到底这一缕阳光价值多少钱？在向开发商索赔之时自己应该提前做哪些准备？采取哪些方式维权呢？

方法一：了解新建大楼的资质

采光权受到侵害之后，首先你得了解这栋新盖的大楼**是否符合规划，是否在原小区建设规划中，是否经过有关部门的审批，有没有影响之前你购买时的小区容积率。**以上只要有一条没有达标，利益受损的住户们就可以直接以上述理由到法院申请起诉，维护自己的权益。

方法二：请有关部门进行测算

若新建设的楼房已经获得了相关部门的批准，但是原有的住户发现新建筑物遮挡了自己的阳光，可以请有关部门进行挡光鉴定，进行一下测算，以确定侵权事实的存在，然后再以此向法院举证，请求开发商损害赔偿。虽然在国内现行的民事法律体系中，还没有对采光权有一个规定赔偿标准，但是

通常在赔偿中一般按照被遮挡的时间和住户产权证面积给予相应的经济补偿。

方法三：团结就是力量

一个人的力量还是有点单薄，要是可以集合小区内跟自己一样利益受损的业主，大家一起团结起来，就不会被开发商小看，只要在有理有据的情况下，抓住开发商的硬伤，就能为自己合法维权。

04
外嫁的女性，能获得责任田被征收时的补偿吗？

婚姻场上的那些事儿：

丽华的老家在农村，家中还有几个兄弟姐妹。长大后，丽华去了外地，并在大城市找到了一份满意的工作，不久她有了男友，并在当地结婚了。结婚之后，她本想把在老家的户口迁出来，但由于手续过于繁琐，自己的工作又很忙，就暂时放下了这件事，户口仍然留在农村老家。

几年后，老家开始了土地征收，丽华家里的责任田也被征收了。丽华回到老家，询问征收土地的补偿款项，却得到了意想不到的结果：原来，村里人认为丽华已经嫁到了外地，不属于村里的人了，所以不愿意给她发放安置补助费和土地补偿费。而兄弟姐妹们为了自己的利益，也不愿意让丽华分一杯羹，他们说丽华是“外嫁女”，已经不是老家的人了。丽华据理力争，村委会也只同意给一些补偿费用而已。

丽华非常生气：自己的户口还在老家，为什么只因为自己嫁到了外地，就不能获得本属于自己的那笔钱了？

枕边说“法”

我国乡村土地征收是一个很常见的现象，但与之而来的，征收土地时给农民的补偿也成为热点问题。对于这点，我国法律是这样规定的：

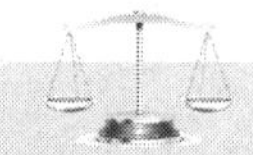

《中华人民共和国物权法》

第四十二条　征收集体所有的土地，应当依法足额支付土地补偿费、安置补助费、地上附着物和青苗的补偿费等费用，安排被征地农民的社会保障费用，保障被征地农民的生活，维护被征地农民的合法权益。

那么，像丽华这样的外嫁女，是否也能得到征收土地的补偿款项呢？例子中丽华老家村委会以及她留在老家的兄弟姐妹们，其行为是否符合法律要求呢？

在我国传统观念中，女性处于附属地位，嫁到了外地的女性，往往就不再被认为是当地人，而她在当地的所有利益也都得不到保证。即使时过境迁，在现代社会，这种观念也影响着许多人。但是，法律真的支持这种传统观念吗？

《中华人民共和国妇女权益保障法》

第八十条 农村划分责任田，口粮田等，以及批准宅基地，妇女与男子享有平等权利，不得侵害妇女的合法权益。妇女结婚、离婚后，其责任田、口粮田和宅基地等，应当受到保障。

很显然，对于嫁到外地的女性来说，只要是法律上认可的权利，都是受到保护的，其责任田、口粮田和宅基地等，都并不因结婚或离婚而发生改变。

幸福“法”宝小支招

虽然我国《物权法》和《妇女权益保障法》中的条目，都明确保护了女性的正当权益，但在现实生活中，仍然有许多类似丽华遇见的情况发生。由于受到几千年传统文化的影响，女性在家庭和地方上都处于从属地位，她们的基本权益也得不到有效保护。在这种情况下，身为女性，一定要未雨绸缪，从一开始就为保护自己的权益做好充分准备。

保留相关证件，以备不时之需

根据《中华人民共和国物权法》，农民被依法征收土地，其各种费用的补偿是受到法律保护的，无论是男是女，无论是否外嫁女，都能依法享受补偿。但在实际处理过程中，要享受到这些补偿费用，必须在文件和证件上符合国家要求。这也就意味着，女性**即使嫁到了外地，其在本地的各类证件也一定要妥善保留。**比如女性的户口仍然留在本地，那么一定要知道户口本的去向，这样才能以备不时之需。

时常关注事态发展，保持信息同步

如果你已经外嫁，或者虽然还没有外嫁，但本人经常不在家乡居住，那么一定要时时关注家乡各方面的发展，尤其是家中宅基地所面临的情况，是否有拆迁的可能、何时拆迁等等。不要远在外地就“两耳不闻家乡事”，**要保持家乡信息的同步。**

遇到不公平待遇，依靠法律武器自我保护

村委会的做法是没有法律依据的，侵犯了丽华的合法权利。为了维护被征地农民的利益，保障被征地农民的生活，我国《物权法》规定，农民的土地被国家征收后，不但有权获得青苗补助费，还可以获得土地补偿费、安置补助费、地上附着物补偿费等。本案中，丽华虽然嫁到外地，但她的户口没有迁出，仍然是本村人，有权获得国家关于征地的所有补偿，村委会不得无故扣留。

05

业主被盗有权向物业索赔吗？

房车上的那些事儿：

做财务工作的吴丽丹在单位附近的某小区购买了一套住房，顺利入住后，还预交了1年的物业管理费，生活也过得特别惬意。为了上班更加方便，吴丽丹购买了一辆电动车，同时还缴了停车费，办理了一张小区停车卡，每次使用时凭卡进出和存取电动车。

这天，跟往常一样上早班的吴丽丹，走到停车库去取电动车，可是她发现整个车库里面都没有自己车的踪影，于是马上向物业说明了自己的情况，经物业确认之后，吴丽丹的车被偷了，便向片区派出所报案，可是一直都没能顺利破案。

物业公司的管理人员一开始对此事的处理非常积极，态度也非常不错，还向吴丽丹赔礼道歉，可是当吴丽丹询问电动车赔偿的事情时，物业却置之不理，认为这是警察应该办的事情，等警察找不到小偷之后再说。这样的回答让吴丽丹很是受伤，心想自己每个月交这么多物业管理费和停车费，却没有得到一点儿的保障。

枕边说“法”

当业主的财物丢失时，物业是要承担相应的责任，因为**自业主预交物业费以及停车费，办理小区停车卡时，就代表着业主与物业管理公司形成了保管合同的法律关系。**

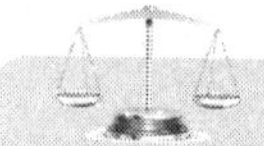

《中华人民共和国合同法》

第三百六十七条　保管合同自保管物交付时成立，但当事人另有约定的除外。

一旦发生了自己的财产被盗的情况，物业真的就能撇得一干二净不赔偿吗？其实也不尽如此，法律上对此有明确的规定，物业公司要赔偿业主的损失，而金额以丢失财产的真实价值为依据。

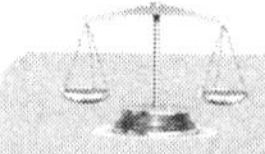

《物业管理条例》

第三十六条　物业服务企业应当按照物业服务合同的约定，提供相应的服务。

物业服务企业未能履行物业服务合同的约定，导致业主人身、财产安全受到损害的，应当依法承担相应的法律责任。

由此可见，物业公司与业主的财产被盗脱不了干系，可能有些物业公司会狡辩，觉得自己只收取几十块钱的停车费，无法承担车辆被盗之后的赔偿款。其实这种情况属于物业管理服务合同的法律关系，是业主和物业公司依据合同而约定履行，是以责任来承担风险，而不是价值的对等关系来衡量。

也就是说，合同中的双方不管哪一方违法其合同约定，给另一方造成损失，就必须承担违约责任。而业主交了物业费和停车费就相当于是履行了合同中的职责，这时物业没有尽到相应的义务就应当赔偿对方的损失。

幸福“法”宝小支招

现在很多人在买房子的时候，不仅仅会看中房屋质量，同时还会看中物业管理的服务水平，如果物业管理的水平不佳，就会造成业主的财产受损。在小区中有财产被盗，是很多人都碰到过的问题，也有一些物业管理公司在收取费用的时候，把自己说的多好、多专业，但是真正出现问题之时，解决起来就会推三阻四。如果发生这种被盗的情况，又遭遇物业的这种服务态度，应该如何处理呢？

方法一：找寻有力证据

通常小区都会设有监控，尤其是在进出入口，以及停车场等重要的位置。而对于一些管理较好的物业公司而言，甚至会在停车场的进出入口都设置有专门的检查人员。

因此，首先可以查看监控录像，锁定目标人物。**如果监控有问题或者当日没有及时拍到；以及锁定目标人后，发现此人进出小区后，没有保安对陌生人进行盘查，都可以认定为物业管理公司管理不善，对业主的人身以及财产安全没有履行到应尽的职责。**

方法二：对丢失的财产进行价值评估

保留购车合同以及发票，这是丢失物品的价格凭证，也是将来法院委托价格认证中心对丢失物品进行认证的唯一标准，同时也能认定丢失的物品与你的直接关系。如果没有或者遗失购车合同，又或者是买的二手车还没及时过户而产生的丢失，就意味着无法对丢失的财产进行估价，索赔还会更加麻烦一些，这也提醒大家，**购买凭证不能丢失，而该过户的时候就要过户。**

需提醒的是，有些碰到这种情况的朋友，会选择不交物业费来抗拒物业的财产被盗事件的处理。这种做法不正确，如果不按时交物业费，就意味着业主丢失了应有的权益，而物业公司本身是有权利向业主收取物业费的。要是不交费，如果再发生物品丢失或者居住中的其他问题，物业公司就会有理由不管不问，甚至不赔偿也是理所当然。

06

交车时间一拖再拖，小心被忽悠

房车上的那些事儿：

每个周末都在4S店徘徊的刘燕，终于在6月份相中了自己喜欢的一款车，并且确定了购买意向。虽然在交谈的时候，销售员说，一般新车都是两个月就可以到货了，但是之后签订新车订购合同时，为了保险起见，到车时间还是按照3个月的周期来算，同时刘燕还交付了两万元的订购定金，而一旦到车后，这笔钱要么直接退还给她，要么直接充抵购车余款。

可是没想到，刘燕购买的时间太巧了，本来这个月的订单下个月就能生产出货了。可是刚好下个月是车厂因为高温而要全线停产，并且生产线还要检修一段时间，没有办法的刘燕只好再等等了。

可是这样一等，3个月的交车时间就到了，而她订购的车还是交不出货，没有办法的刘燕只好向4S店提出解除订车合同以及退还购车订金，可是这样的要求能够得到解决吗？

枕边说“法”

随着汽车消费的扩大化，相应引发的汽车纠纷也屡见不鲜，而在订车中发生的最常见的就是新车不到的问题，如果出现了这种情况，能解除合同吗？

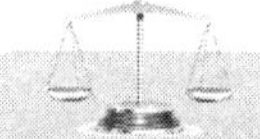

《中华人民共和国合同法》

第九十四条　有下列情形之一的，当事人可以解除合同：

（一）因不可抗力致使不能实现合同目的；

（二）在履行期限届满之前，当事人一方明确表示或者以自己的行为表明不履行主要债务；

（三）当事人一方迟延履行主要债务，经催告后在合理期限内仍未履行；

（四）当事人一方迟延履行债务或者有其他违约行为致使不能实现合同目的；

（五）法律规定的其他情形。

如果在有购车合同，并且有明确的交车日期等违约条款的前提下，消费者可以要求解除这个合同，并且退还之前支付的订车定金。

幸福“法”宝小支招

随着女性经济地位的提高，给自己选购一辆爱车也成为很多女性犒劳自己的方式之一，不过随着车市的火爆，有些上市及时的车型可能马上就能提到现车，而有些车可能要让女性朋友一等几个月，交车时间一拖再拖，让已经签了订车协议的朋友简直是望眼欲穿，同时也产生了相应的法律问题，如何在订车的时候能够更好地保障自己的权益呢？

方法一：选一个可信赖的品牌店

如果有了一个明确的购买意向，可以多观察一下各个商店，多向周围的朋友打听一下，尽量选择口碑不错、整体服务佳，并且值得信赖的经销商。这样会更有保障一些，出了问题也好协商沟通。

方法二：到车时间书面化

在选定了爱车之后，应该与商家达成一个**书面协议**，确定提车的时间，以保证提车时间不被拖延，即便出现了拖延的情况，购买车也可以根据之前签订的合同来索取相应的赔偿。

当然如果遇到经销商不愿意把提车时间书面化，你就要有防范之心了，是否对方不想承担责任，或者到底隐瞒了哪些真实的情况。

方法三：保留一些书面材料

对于跟经销商签订的订车合同和定金收据等书面材料，除了在签订时，一定要提前核对，比如对于一些条款是否有涂改、篡改、字体不一样等，如果有出入，一定要当场提出，在定金收据上面，还应盖有财务章，合同应该一式两份，以免之后陷入被动的地位；此后，也要好好保留这些重要的东西，这些都将成为你举证的材料。

07

选购二手车，要多长个心眼

房车上的那些事儿：

秦丽丽购买的房屋在市区之外，上下班非常不方便，与家人商量一番之后，决定购买一辆车来方便自己以及家人的出行。在车市观察了一番之后，发现新车的价格都挺贵的，还有一个到货期，于是将目光转向了二手车市场。经过几番查看之后，在市区内的某二手车交易市场以5万元的价格，从李某手中购买了一辆小轿车，并且在约定的期限内就将余下的车款全部交付给了李某。

由于秦丽丽之后被外派出差了，隔了好几个月后才办理车辆过户手续，在此过程中，车辆管理所在审核中发现该车的车架号有改动的痕迹，经查验后发现，这辆车属于私自改装的车辆，不能办理买卖过户手续。

秦丽丽找到了李某，要求退还其购车款，但是李某宣称已经将车卖给了秦丽丽，根本就不知道这几个月中秦丽丽把车怎么了，过不了户是秦丽丽的事，自己卖车的时候还是好好的。这种说法简直是把秦丽丽给气坏了，难道李某一点责任都不用承担，就这样赚了自己几万块钱吗?

枕边说“法”

只要可以证明李某卖给秦丽丽的车辆中，确实存在着改动的事实，而导致车辆无法正常办理过户的手续，那么双方的买卖协议就没法履行，此合同可以宣告无效。

《中华人民共和国合同法》

第五十二条　有下列情形之一的，合同无效：

（一）一方以欺诈、胁迫的手段订立合同，损害国家利益。

而因为一开始李某就隐瞒了车辆的真实情况，这导致了买卖协议的无效，那么在无效合同中取得的财产，就应当全部退还，也就是说卖车人不能免除责任，应当返还全部购车款给当事人。

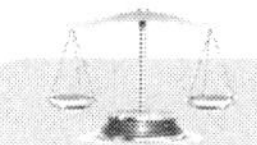

《中华人民共和国合同法》

第五十八条　合同无效或者被撤销后，因该合同取得的财产，应当予以返还；不能返还或者没有必要返还的，应当折价补偿。有过错的一方应当赔偿对方因此所受到的损失，双方都有过错的，应当各自承担相应的责任。

虽然在相关法律条文上，都能够替购买者挽回受损的权益。不过在购买二手车的时候，为什么都等到要过户了才发现车辆改装这个问题呢，之前在购买前一点验车工作都不做，这种做法非常不可取。

幸福“法”宝小支招

二手车因为其优惠的价格已经越来越受到消费者的关注。但是在购买二手车时，不但要考虑到价格，同时又要注重质量，不但要考虑其使用情况，还要考虑到报废期限。如果你选择了购买二手车，除了要查明来源，了解其手续之外，严格检查内在的质量是必需的。

如果想购买到一辆安全可靠的二手车，避免后期的一些麻烦，购买时要注意以下几个方面：

整车全面审查

首先应该对车进行全面的审查，包括外观和内饰，以及车身和汽车内部，对车辆的保养状况和整车的性能有一个总体的认知。如整车车漆磨损的痕迹；检查前后车盖间隙是否均匀；车门开关是否能够紧闭等。如果在车身或者车架上有焊接点说明车之前肯定有过事故或者经过大修补。

查看保养记录

通常在正规途径购买的车辆，一般都会根据里程数或者时间来做相应的保养，以保证车辆的正常行驶，在保养中可以了解到车内零件是否得到了及时更换，车的动力机械部分是否得到了定时保养等，这些都是衡量二手车的价值所在。

去做相关检测

做一个相关的技术检测，比如去 4S 店请专业人员查看一下，这辆车是否发生过事故，动力机械部分是否有大修整，整车性能是否良好，这是比较可靠的一个检查手段。

自己要试驾一番

经过了一系列的检查之后，千万不要着急，还应该上车试驾一番，这是跟车亲密接触的最佳时机，通过试驾可以了解制动装置是否灵敏，转向装置是否灵活，汽车在行驶的过程中是否有跑偏的情况。

要求对方提供里程行驶证明

汽车的行驶里程代表了汽车磨损程度，虽然在仪表盘上会显示里程数，但是这个不一定可靠，这个也可以人为进行调整，最好对方可以提供相关的里程证明，以避免购买了一辆即将报废的车辆。

08

借车好友肇事，车主也要赔偿

房车上的那些事儿：

杨晓雪是个非常懂得享受生活的女孩，虽然年纪轻轻，但是已经是个有车一族了。每次出门郊游，她都会叫上自己的闺蜜夏琳一起出门，享受自驾游的感觉。

这天夏琳因为刚跟男友分手心情不好，又想出去兜兜风散散心，可是工作缠身的杨晓雪没法陪她，只好将自己的爱车借给夏琳开出去。与男友分手的坏情绪影响着夏琳，她开车的心情非常浮躁，遇到周围有车夹击超车，都会在前面超回来。可没想到的是，在下内环线的时候，夏琳想超越旁边的一辆越野车，结果撞到了路边骑着摩托车的一对夫妻，两人都倒地受伤，被送到医院抢救。

本来夏琳想跟对方协商私了此事，自己承担赔偿责任就算了，不想让杨晓雪知道，可是受伤的夫妻却将夏琳和杨晓雪一起告上了法庭，因为杨晓雪作为机动车的登记所有人，应当对本车的行驶和管理负有责任，要连带赔偿他们的伤害损失，得知此消息的夏琳吓傻了，这下散心不成，还连累了朋友。

枕边说“法”

上文中夏琳提到了想自己一个人承担赔偿责任，私了此事，可是在交通肇事之后，在什么情况下的交通事故可以双方私了来处理呢？

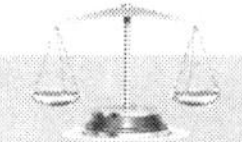

《中华人民共和国道路交通安全法规》

第七十条第二、三款　在道路上发生交通事故，未造成人身伤亡，当事人对事实及成因无争议的，可以即行撤离现场，恢复交通，自行协商处理损害赔偿事宜；不即行撤离现场的，应当迅速报告执勤的交通警察或者公安机关交通管理部门。

在道路上发生交通事故，仅造成轻微财产损失，并且基本事实清楚的，当事人应当先撤离现场再进行协商处理。

也就是说，甲方因为自己的关系导致交通事故，并且没有对乙方造成人员伤亡的情况下，同时双方对交通事实没有争议，而甲方又愿意承担交通事故的全部责任并且对乙方进行赔偿时，可以私了自行解决。但是如果不符合这两个条件，就不能私了解决。

而受伤的乙方提出要将夏琳和杨晓雪一起告上法庭，并且要让杨晓雪一起承担连带责任，这个有没有法律依据呢？事实上，如果车主把车借给别人，应该在整个过程中都担当起监管的义务，如果义务没有达成，还造成人员受伤，就应当与驾驶员一同承担连带责任。

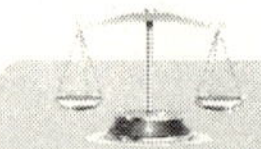

《中华人民共和国民法通则》

第一百三十条　二人以上共同侵权造成他人损害的，应当承担连带责任。

《最高人民法院关于人身损害赔偿案件适用于法律若干问题的解释》

第九条　雇员在从事雇佣活动中致人损害的，雇主应当承担赔偿责任；雇员因故意或者重大过失致人损害的，应当与雇主承担连带赔偿责任。雇主承担连带赔偿责任的，可以向雇员追偿。

借用车辆，在民事合同方面已经构成了借用的合同关系。简单一点说，虽然你没有开车，但是你把车借给别人了，别人在行驶的过程中发生交通事故，那么车主也要承担连带的责任。

幸福“法”宝小支招

能够开车出去固然方便又省时，但是在借车给自己好朋友的时候，一定要给好友敲个警钟，开车的时候小心一点，并且自己要想清楚会发生什么样的后果，因为一旦发生什么交通问题，不仅仅是造成他人的伤亡，同时自己也要跟着受累。

那么，在借车给朋友的时候，应当注意哪些方面呢？

借车要借对方有驾照之人

虽然开车上路并不是什么难事，不过有朋友找你借车之时，你得首先询问对方是否有驾照，如果对方没有取得机动车驾驶证，开车上路就是违法行为。如果你知道对方没有驾照，还将车借给对方，也就是你可以预见对方在上路上后可能会有危险，那么，你在主观上就有过错。一经交警查处，车主驾驶证就要被扣留，同时还要被处以 200 元以上 2000 以下的罚款，如果出现交通事故，你的责任更大。

此外，在对方有驾照的情况下借车，你有权利告知对方上路时，一定要带上驾驶证行车。

不包庇交通事故逃逸之人

对于一些特别容易心软的女性，如果好友或者跟自己关系比较密切的人出现了车祸之后想逃逸，往往会在“情与法”之间犹豫不决，甚至想主动帮忙逃避法律责任的追究。在这种情况下，一定要考虑清楚，自己要背负什么样的责任。

如果亲戚或者好友开着自己的车出去发生了事故，身为车主的你，一定要积极配合警察破案，绝对不能隐瞒或者做假证来帮助肇事者，这种违反事实的行为，已经不是单纯的交通肇事那么简单了，不仅要承担交通事故连带责任，还要负上刑事责任，简直是罪上加罪啊！

PART FIVE 第五章

父母亲情篇
预防亲情关系中的不安定因素

01

父母为子女买房，赠与的房产

父母亲情的那些事儿：

文英与老公林子是通过相亲认识的，尽管才交往了几个月，但文英觉得自己年纪也不小了，并且相处下来觉得两人的关系还算融洽，所以当林子向文英求婚时，文英并没多想就答应了，两人不久就去领了结婚证。

因为时间仓促，等到两人结婚后，双方父母才聚到一起商量具体的结婚事宜。商定的结果是林子的父母出资为小两口购买一套两居室的婚房，而文英的父母则用相同的钱为小两口购买车子、家电并支付新房装修费。

一切办妥后，小两口正式开始了幸福甜蜜的新婚生活。可是平静的生活很快就被打破了，1个月后《婚姻法》司法解释（三）正式实施了。原来林子父母是以林子的名义签订的购房合同，尽管当时两家说好了房子作为小两口的共同财产。可是如今按照新司法解释的规定，房子就是林子的个人财产了。虽然林子的父母再三强调房子是买给林子和文英两个人的，但文英的父母却认为口说无凭，担心万一将来女儿离婚了，就太吃亏了。

枕边说“法”

在工资水平与房价极不对等的今天，大多数年轻人通常需要父母出资为自己购房。《婚姻法》司法解释（三）正式出台后，在社会上引发了广泛热议，对于即将步入婚姻殿堂或已经结婚的年轻夫妻来说，其中一条法律条文与他们的利益切身相关。

《最高人民法院关于适用〈中华人民共和国婚姻法〉若干问题的解释（三）》

第七条　婚后由一方父母出资为子女购买的不动产，产权登记在出资人子女名下的，可按照婚姻法第十八条第（三）项的规定，视为只对自己子女一方的赠与，该不动产应认定为夫妻一方的个人财产。

双方父母出资购买的不动产，产权登记在一方子女名下的，该不动产可认定为双方按照各自父母的出资份额按份共有，但当事人另有约定的除外。

上述司法解释是对以下条文的修正。

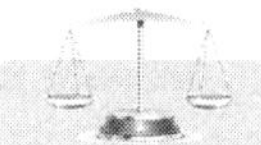

《最高人民法院关于适用〈中华人民共和国婚姻法〉若干问题的解释（二）》

第二十二条 当事人结婚后，父母为双方购置房屋出资的，该出资应当认定为对夫妻双方的赠与，但父母明确表示赠与一方的除外。

由此可见，新的司法解释出台后，夫妻一方父母出资为子女购买房产的情况发生了较大的变化。根据此前的规定，一方父母出资购房时如未明确约定赠与一方，即使产权登记在一方名下，也推定为赠与夫妻双方，为夫妻双方的共同财产。而司法解释（三）则推翻了之前的规定，一方父母出资时无需明确约定，只要产权登记在出资人子女名下，就可以推定为仅赠与给自己的子女一方，为一方的个人财产。

幸福“法”宝小支招

《婚姻法解释（三）》第七条将产权登记主体与明确表示赠与的一方联系起来，维护了父母为子女购房时的初衷和意愿，使他们免于后顾之忧。不过，在通常由男方购买房子的情况下，这条规定实际上让女方处于相对弱势的地位。当房子属于男方的个人财产时，一旦离婚，女方很可能会“净身出户”。

如何应对婚姻法新规，最大限度地维护女性的权益呢？已婚女性与未婚女性需要采取不同的策略。

已婚女性，在房产登记上加上自己的名字

在婚后，当男方的父母出资为其买房，并以男方一人的名义签订购房合

同，办理房屋产权登记，那么房子就属于男方的个人财产，女方对房子没有财产权利。因此，案例中的文英不享有房屋财产权。在此情况下，女方若想房子作为二人的婚后共同财产，需要与男方父母商量变更房屋买卖合同，在买受人处加上女方的名字，并在办理房屋产权登记时将男方和女方登记为房屋的共同所有人。

对于女性而言，这可能并不是一件容易的事。男方的父母出于私心，可能不会答应。所以，需要男方父母在主观上愿意将房子同时赠与女方；或者男方与女方的感情足够深厚，愿意帮助女方劝说父母。否则，如果双方未达成共识，对夫妻的感情必然会有影响。

未婚女性，与男方共同买房

相比已婚女性，未婚女性有更多的自主权。所以，在决定结婚时，女方不妨打破传统的“男买房女买车”的模式，女方父母不再陪送汽车、家电等容易贬值的物品，而是将买车、买家电、装修等费用与男方家长一起买房，各支付新房房款的一半，再将各自剩下的钱用来买车、买家电等。这样女方至少保证有一半的房产所有权，当婚姻出现变动时不至于太被动。需要注意的是，女方一定要保存好出资凭据，如果将来婚姻生变，可以作为凭证。

02
父母赠与的房产也可能收回：与赡养义务有关

父母亲情的那些事儿：

张琴和李强结婚了。李强的父母省吃俭用了一辈子，为儿子在大城市购买了一套三室一厅的商品房，并签订了赠与合同，将这套房赠送给了小夫妻俩。

十几年之后，李父和李母的身体状况越来越差，开始需要儿女们的赡养才能维持生活。一开始，李强每月还会给父母寄一笔生活费，可不久之后他就不愿意了。原来，李强还有一个姐姐，当知道姐姐并没有每月给父母寄生活费的时候，李强的心理很不平衡：姐姐不给钱，为什么自己要给钱？而姐姐也振振有词：父母给弟弟买了那么大的一套房子，却什么都没给自己买过，弟弟理所当然应该承担所有的赡养费。

姐弟俩争执不下，张琴本想劝一劝丈夫，可想到自己小家庭的经济状况也不好，就默认了丈夫的所作所为。谁知不久后，法院一纸传票传来，原来李父和李母将这件事告上法庭，并以李强没有支付赡养费为由，要求撤销那套房子的赠与合同。张琴和李强这下傻了眼：难道这赡养费，还能跟多年前送给自己的房子扯上关系？

枕边说“法”

父母赠给儿女的房产，是不是一旦赠送出之后，就再也无法收回了呢？对于女性来说，是不是得到了父母或者公婆赠与的房产，从此就可以高枕无忧，甚至连老人的赡养义务也能推脱呢？答案是否定的。来看看法律怎么说：

《中华人民共和国老年人权益保障法》

第十一条　赡养人应当履行对老年人经济上供养、生活上照料和精神上慰藉的义务，照顾老年人的特殊需要。

赡养人是指老年人的子女以及其他依法负有赡养义务的人。

赡养人的配偶应当协助赡养人履行赡养义务。

第十二条　赡养人对患病的老年人应当提供医疗费用和护理。

由此可见，无论父母是否向小夫妻俩赠与了房产，身为儿女都应该履行赡养父母的义务。在上述事例中，李强以及他的姐姐都不能逃脱赡养老人的义务。而具体到被赠与的房屋，我国法律规定：

《中华人民共和国合同法》

第一百九十二条　受赠人有下列情形之一的，赠与人可以撤销赠与：

（一）严重侵害赠与人或者赠与人的近亲属；

（二）对赠与人有扶养义务而不履行；

（三）不履行赠与合同约定的义务。

赠与人的撤销权，自知道或者应当知道撤销原因之日起一年内行使。

根据上述合同法中所说，张琴和李强并没有对李父和李母履行赡养义务，在这个时候，李父和李母有权撤销当年的赠与。

幸福“法”宝小支招

在目前社会环境下，考虑到许多年轻人初出社会、没有足够的资金和收入，父母给子女买房的情况非常多见。有些男方父母会给儿子和媳妇买房，有些女方父母也会给女儿购买住房。而如果这些住房是父母“赠与”给子女的，那么**日后儿女若没能尽到赡养义务，父母可以提出撤销该赠与合同。**就像上述事例中的李父和李母一样，他们提出撤销是有理有据的。而站在女性的立场，一方面应该在事先就了解赠与合同的撤销条件，另一方面，也要尽到赡养老人的义务。

赡养老人，尽到为人儿女的义务

赡养义务是每个儿女应尽的义务，事实上，这跟父母有没有赠与房产无关。要知道，父母向子女赠送房子、给予各方面的经济支持，都是出于对儿女的关心和爱护，这并不是父母的义务。身为子女或媳妇，绝不应该把这当做父母本就应该做到的事情，而应该心存感激，并更加孝顺老人。

父母并没有赠与房产，子女也应该严格遵守相关法律规定，不仅在经济上供养老人，而且还要在生活上多多关心和照顾他们，并关注他们的精神生活。这不仅是法律对人们的要求，而且也是我国的传统美德。

在尽赡养义务时，注意留存证据

如果没能尽到赡养义务，不仅可能被撤销已经赠与的房屋，还可能因为不赡养老人而成为被告。虽然绝大部分的长辈与子女之间的关系融洽，不至于闹到双方对簿公堂的地步，但随着我国社会法律意识越来越强，女性也应该在赡养老人的同时注意**赡养证据**的存在，才能避免在日后面对一些不必要的纠纷。

比如，如果父母或公婆生活在异地，需要定期寄去赡养费用，那么每月或每年的汇款单据一定要按顺序留存好，以免不慎掉落或遗失。在面对赡养方面的诉讼时，还可以向父母或公婆所在乡村、街道、单位等收集证据，来证明自己尽过赡养义务。同时，如果你曾经为父母或公婆支付过或医药费，或其他生活方面的大笔支出时，也要记住留存付费票据。

03

不尽赡养义务，遗产继承有问题

父母亲情的那些事儿：

杨琳是杨家的大姐，她还有3个妹妹和1个弟弟。她家在农村，父亲早逝，只留下母亲含辛茹苦将孩子们抚养成人。

如今，杨琳是姐弟们中间生活得最优裕的一个。她通过读书上进留在了大城市，并给自己买了一套在市中心的房子，而妹妹和弟弟都还留在县城。看到弟妹们经济状况不佳，这些年来杨琳承担了母亲大部分的赡养费。因为母亲与弟弟住在一起，杨琳每年过年回家时都会将几万元现金交到弟弟手上，嘱咐弟弟好好照顾母亲。

这一年，母亲因病去世了。杨琳回到老家县城，和弟妹们办理完丧事之后，就开始处理母亲留下的遗产。这时候，弟弟却仿佛变了一副面孔，声称母亲与自己住在一起，这些年只有自己尽了赡养义务，几个姐姐都没管过赡养母亲的事，因此遗产只能由他一个人继承。

杨琳气坏了，她本来并不想要母亲留下的那套祖宅和那点微薄的存款，还打算将这些遗产都让给弟妹们，但弟弟的态度却让她愤怒又不甘心。不仅如此，她还听说，这些年母亲与弟弟住在一起，竟然受到了弟弟和弟媳的不少虐待。于是，杨琳打算向法庭提出诉讼，在咨询律师时这才发现，自己多年来赡养母亲的支出都没留下证据，看来这官司还有得打。

枕边说“法”

随着父母的渐渐年老，子女对父母的赡养问题也成了社会热点。尽管大多数子女都能尽到对父母的赡养责任，但仍然有一些子女在对待父母赡养问题时习惯于推脱责任。而对于家中兄弟姐妹众多的人来说，父母赡养和遗产继承问题，更容易成为他们之间相互猜忌、争夺的焦点。为了避免纷争，女性首先要了解对父母财产的继承是与赡养责任有关的，如果子女不肯赡养父母，遗弃了年老的父母，那么就很可能丧失继承权。

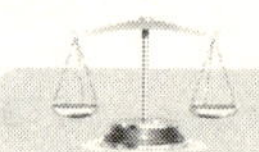

《中华人民共和国继承法》

第七条　继承人有下列行为之一的，丧失继承权：

（一）故意杀害被继承人的；

（二）为争夺遗产而杀害其他继承人的；

（三）遗弃被继承人的，或者虐待被继承人情节严重的；

（四）伪造、篡改或者销毁遗嘱，情节严重的。

在上述例子中，杨琳在实际上承担了对父母的大部分赡养责任，但由于没能保留证据，很容易被弟弟抓到把柄。然而，杨琳也可以通过多方取证，来证明自己确实承担了赡养义务。

此外，杨琳打听到弟弟和弟媳虐待母亲，如果这一情况属实，弟弟就可能丧失继承权。如果虐待过于严重，弟弟还可能要承担刑事责任。

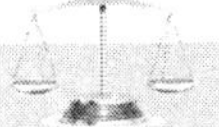

《最高人民法院关于贯彻执行〈中华人民共和国继承法〉若干问题的意见》

第十条　继承人虐待被继承人情节是否严重，可以从实施虐待行为的时间、手段、后果和社会影响等方面认定。

虐待被继承人情节严重的，不论是否追究刑事责任，均可确认其丧失继承权。

第十三条　继承人虐待被继承人情节严重的，或者遗弃被继承人的，如以后确有悔改表现，而且被虐待人、被遗弃人生前又表示宽恕，可不确认其丧失继承权。

由这些法律条规和意见可以知道，杨琳的弟弟如果对母亲的虐待情节非常严重，无论是不是追究刑事责任，都可以确认丧失继承权。

幸福“法”宝小支招

赡养老人是为人子女的责任，当父母一天天年老，丧失劳动能力，需要子女负责他们的日常生活来源，照顾他们的起居。如果子女没能承担本应承担的赡养义务，一方面，父母可以通过法律武器对子女提出诉讼；另一方面，子女也无法继承父母的财产。作为女性，如何处理好赡养父母的义务，并避免在继承父母遗产时发生纠纷呢？

保存赡养证据，以备不时之需

对大多数人来说，赡养父母都是义不容辞的责任，即使没有法律的约束，人们往往也愿意照顾年老的父母，为他们提供衣食和经济上的帮助。因此，在赡养老人时，许多人往往觉得只要尽到义务即可，不注意保存赡养老人的证据。但是，由于现代社会法律的复杂性，一旦日后发生纠纷，而又缺乏证据，就可能给自己带来麻烦。尤其是像例子中的杨琳，由于长期没有回老家，不在父母身边，只能提供经济上的援助，但这经济援助却又没能留下证据，最后只能自己吃亏。

因此，如果是杨琳这种情况，最好在每年向家中提供经济援助时，通过银行或邮局进行汇款，留存汇款单据；如果由于种种原因，需要将现金交给他人代为收下，那么应该要求对方写下收条，这些都能成为赡养证据。

遇到赡养纠纷，及时进行取证

如果日后遇到纠纷，比如像例子中的杨琳，面对弟弟的指责，她应该四处寻找和搜集证据，来证明自己确实赡养了老人。证据的搜集来源有很多，比如可以通过询问父母家所在的邻居，以及相熟的亲人、朋友，通过他们的证词，来证明自己确实尽到了赡养义务。不过，这些取证过程一般较为麻烦，所以还是提倡在赡养过程中就保留证据。

照顾老人生活，不要仅限于经济上的赡养

为什么杨琳明明已经负担了对母亲大部分的经济赡养义务，到头来却受到弟弟这样的指责，而自己竟然很难反驳？一方面，是因为她没有及时保留

自己赡养老人的证据；另一方面，也是因为她离家太远，长期没有与母亲进行相处和沟通，对家中的情况完全不了解。甚至，连母亲受到弟弟和弟媳虐待的情况，她也是在母亲去世之后才听说。这说明她虽然在经济上尽量满足老人，却忽略了对老人实际生活的关心和照顾。

所以，身为子女，不仅要通过金钱尽到赡养义务，同时也要时时关心年迈父母生活的方方面面，关心他们的精神生活，这样，一方面可以避免日后纠纷的产生，另一方面也可以保持父母子女间感情的维系。

04

继承遗产，不分亲生还是非亲生

父母亲情的那些事儿：

王娟认识现任丈夫张强前，曾有一次不太幸福的婚姻经历，并在上一次婚姻中与前夫生下一个儿子。张强在认识王娟前也有过一段婚姻，还生了一个女儿，后来离婚时法院将女儿判给了前妻抚养。

王娟和张强结婚后，两人情投意合，日子过得和和美美。更重要的是张强视王娟的儿子如己出，十分疼爱，很多不认识的人看见了，还以为两人就是亲生的父子。

一家三口在一起平静地生活了8年后，天有不测风云，张强在出差途中因交通意外不幸去世。丈夫去世后，王娟感觉天好像塌了一般，很长时间都提不起精神。而更让王娟烦恼的是，张强去世之后，张强的前妻找到王娟，跟王娟商量张强的遗产分割事宜。张强的前妻坚持认为遗产的继承人只包括王娟和张强的女儿，觉得王娟和第一任丈夫的儿子不能继承张强的遗产，但王娟认为自己的儿子也属于继承人之一。两人多次协商未果，几乎要闹到法庭。

枕边说“法”

亲生子女有权继承父母的遗产，这一观点于情于法都是合理的，一般都不会产生争议；而非亲生子女如继子女、养子女，是否有权继承继父母、养父母的遗产，很多人并不了解相关的法律规定，因而在具体的遗产分割中时有纠纷发生。那么，法律到底是如何规定的呢？

《中华人民共和国继承法》

第十条　遗产按照下列顺序继承：

第一顺序：配偶、子女、父母。

第二顺序：兄弟姐妹、祖父母、外祖父母。

继承开始后，由第一顺序继承人继承，第二顺序继承人不继承。没有第一顺序继承人继承的，由第二顺序继承人继承。

本法所说的子女，包括婚生子女、非婚生子女、养子女和有扶养关系的继子女。

本法所说的父母，包括生父母、养父母和有扶养关系的继父母。

本法所说的兄弟姐妹，包括同父母的兄弟姐妹、同父异母或者同母异父的兄弟姐妹、养兄弟姐妹、有扶养关系的继兄弟姐妹。

从这一条法律规定可以看出，即使非亲生的养子女也同亲生子女一样，同样有权继承遗产；而非亲生的继子女，如果与继父母之间存在扶养关系，也同亲生子女一样享有同等的遗产继承权。

幸福“法”宝小支招

近年来，随着生活水平的提高，人们手中的财富也不断增加，亲友因病或因意外辞世而引起的遗产继承纠纷越来越多。产生纠纷的原因，有较大一部分集中在对非亲生子女的继承权存在分歧。

非亲生子女包括养子女和继子女两类，养子女和继子女虽然都是非亲生子女，但是能否享有遗产的继承权，二者的前提条件并不一样。

养子女，收养关系成立即享有遗产继承权

根据我国《婚姻法》、《收养法》、《继承法》的有关法律的规定，养父母有抚养未成年养子女的义务，成年养子女有赡养养父母的义务；同时，养子女和养父母互为第一顺序继承人。

此外，一旦收养关系成立，养子女与养父母的近亲亲属之间也将产生具有法律拟制的近亲关系，也就是说，子女与祖父母、外祖父母、孙子女、外孙子女、兄弟、姐妹之间的权利和义务，对养子女同样适用，并没有任何不同。举例来说，当养子女与养祖父母的关系形成后，养子女与其他兄弟姐妹一样，都可以作为第二顺序继承人，来继承养祖父母的财产。

继子女，形成抚养关系才能享有遗产继承权

同样是非亲生子女，继子女能否享有继父母的遗产继承权，比养子女的

情况要复杂一些。

在实际生活中，要同时满足两个条件，即前夫或前妻的子女与继父或继母长期生活在一起，并且形成了事实上的抚养关系，当这两个条件都成立时，继子女与继父母之间互为第一顺序继承人，**继子女与继父母之间的继承关系同亲生子女并没有不同。**因此，上述案例中，王娟的儿子与张强的女儿一样，都属于张强遗产的第一顺序继承人。

根据前文所述，可以列出如下两种情况，这两种情况中继子女与继父母彼此之间不存在继承权。

1. 生父母再婚后，继子女并未与继父或继母共同生活，而是由祖父母、外祖父母或其他人抚养教育成人，继子女与继父母之间并没有形成扶养关系，彼此之间不存在继承权。

2. 生父母再婚后，子女已经长大成人，子女并未与继父母生活在一起，这种情况下，继子女与继父母也没有形成扶养关系，所以，彼此之间也不存在继承权。

另外，还有两种较为特殊的情况，需要特殊对待。尽管继子女与继父母生活在一起，但继子女的生父或生母提供了继子女生活费的一部分或者全部；或者继父母对继子女尽了抚养、教育义务，而继子女并未赡养继父母。这两种情况法律仍然视为形成抚养关系，但在分割遗产时应根据情况酌情减少继子女的份额。

05

抚育费与孩子冠姓无关

父母亲情的那些事儿：

李佳跟汪泉结婚后，两人脾气不相投，经常为大大小小的事情吵得不可开交，两人的婚姻在3年后便画上了终止符。离婚时，年幼的儿子判给李佳抚养，汪泉每个月需支付给孩子一定的抚养费。

不久之后，双方都组建了新的家庭。李佳和现任丈夫于军结婚后，两人商量不再要孩子，李佳于是将儿子的姓氏改为于姓，认为这样儿子和继父的关系会更亲密。不过，当汪泉知道儿子已经随了继父的姓后，十分生气，扬言不再支付儿子的抚养费。后来，李佳又催了汪泉好几次，汪泉仍旧拒付抚养费，理由是儿子既然不随自己姓了，就不再是自己的儿子，自己自然不用继续支付抚养费。

枕边说“法”

对于子女的姓氏，法律做过这样的规定：

《中华人民共和国婚姻法》

第二十二条　子女可以随父姓，也可以随母姓。

实际上，在子女出生后，多数情况下子女都会随父姓；如果子女随母姓，也是经过父母家人商量后决定的，一般都不会有异议。不过离婚后，问题就出现了，负责抚养子女的一方有不少因为这样或那样的原因更改子女的姓氏，另一方因为孩子不再随自己姓而拒绝支付抚养费。对于这种情况，法律上有相关的规定：

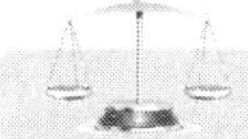

《关于人民法院审理离婚案件处理子女抚养问题的若干具体意见》

第十九条　父母不得因子女变更姓氏而拒付子女抚育费。父或母一方擅自将子女姓氏改为继母或继父姓氏而引起纠纷的，应责令恢复原姓氏。

由此可见，**无论子女姓氏是否发生改变，父母支付子女抚养费的规定始终不变。**同时，从法规中可以得知，在未经对方允许的情况下，父亲或母亲一方将子女姓氏更改为继母或继父的姓氏，另一方有权要求子女恢复为原来的姓氏。

幸福“法”宝小支招

在现实生活中，因更改子女姓氏引起的纠纷要比案例所呈现的要复杂得多，但不管现实情况如何枝枝节节、如何千头万绪，提醒女性注意的是，有两点一定要牢记在心：**一是，变更孩子姓氏需要父母双方同意才行；二是，即使子女姓氏已经改变，父母也不能因此拒付抚养费。**

针对女性而言，变更子女姓氏有三种较为典型的情况，下面分别来看看。

女方将子女姓氏改为继父姓氏

这种情况也就是案例中李佳所遭遇的情况，女性希望借改姓让新的家庭关系更融洽，是非常合情合理的。此举被前夫极力反对也是在情理之中。现在的主要问题是前夫也就是男方不愿支付生活费，依照法律，女性应如何应对呢？相信看了上面的法律条款及解释，大家对解决方法已有大概了解。详细说明一下，也就是即使子女的姓氏已改为他姓，女方仍有权要求男方继续支付子女的抚养费。而男方认为子女姓氏更改后，就不再是自己的孩子了，这种观点无论在法律上还是伦理上都是站不住脚的，因为只要存在血缘关系，亲子关系就不会改变。如果男方执意坚持自己的观点，拒绝支付抚养费，女方可通过法院采取强制手段要求男方支付。

当然，女性也应明白，女方有权要求男方继续支付抚养费，男方也有权要求将子女更改为继父的姓氏恢复为原姓氏。

女方将子女姓氏改为随自己姓

尽管这种情况法律并未有明确的规定，但是具体的案件审理中，处理方法与上一情况几乎没有出入。虽然法律对子女的冠姓给予了充分的自由，“子女可以随父姓，也可以随母姓。”但是前提是在夫妻关系存续期间。在离婚后，一方希望更改孩子姓氏，一定要与另一方协商一致后才能被认可；否则，一方擅自更改子女姓氏，另一方有权要求恢复原姓。在协商解决未果的情况下，可以通过提起诉讼来解决。所以，作为母亲，即使离婚后希望子女随自己姓的愿望非常强烈，还是应该与男方充分沟通取得男方同意后再做决定，不然是无法改名的。

男方拒付抚养费，女方将子女姓氏改为随自己姓

是否能因为男方拒付抚养费，女方就能将孩子改为随自己姓呢？或者说，如果女方愿意放弃让男方支付抚养费，就能获得自由更改子女姓氏的权利呢？

实际上，**男方支不支付抚养费与女方能不能更改子女姓氏是两个问题，二者之间不存在因果关系。**如果男方不愿意支付抚养费，女方可以向法院提起诉讼要求男方支付。但变更子女姓氏一事，还是需要父母双方同意才行。

最后需要说明的是，在现实生活中，子女的姓氏由父母双方协商决定，但当子女有表达能力后应充分尊重子女的意见。另外，如果让法院裁定离婚后孩子姓氏到底如何定，法院会将更改姓氏是否利于子女身心健康作为一个重要的评判因素。

06
监护权不等于抚养权

父母亲情的那些事儿：

万枚与李翔认识没多久就结了婚，婚后没多久，当初的好感被油盐酱醋的琐碎生活一点点磨灭，两个人性格上的差异逐渐显现出来，常常为了一些小事而吵得不可开交。几个月后，万枚觉得这样的婚姻对两个人都是拖累，于是萌生了与李翔摊牌离婚的念头。可是没几天，万枚发现自己怀孕了。经过一番思想斗争后，喜欢小孩的万枚决定将孩子生下来，并且期待宝宝的降生能够改善和丈夫的关系，于是离婚的想法就此放下了。

等女儿出生后，万枚和李翔都将心思扑在了女儿身上，因为女儿的纽带作用，两人的关系确实缓和了不少。可是等到女儿上小学以后，两人之间积压的问题还是爆发了出来，最后通过协议结束了婚姻。考虑到李翔的经济条件更好，两人达成协议，女儿由李翔抚养。

1年之后，李翔因工作调往外地，将女儿留给父母照顾。李翔父母均年近70，在许多方面难以和孩子沟通，在孩子教育一事上尤其力不从心。逐渐懂事的女儿与母亲一起生活的愿望越来越强烈，万枚也非常想亲自照顾和教育女儿。于是在女儿12岁这年，万枚向法院提起诉讼，要求变更监护权，实现与女儿一起生活的愿望。

枕边说“法”

案例中提到了“监护权”一词，对于监护权、监护人这样的词我们都不会陌生，那么父母与子女的监护关系到底是怎么的呢？

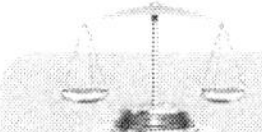

《中华人民共和国民法通则》

第十六条　未成年人的父母是未成年人的监护人。

可以看出，父母作为未成年人的监护人，享有对未成年子女的监护权是不容置疑的。但是，当婚姻关系不复存在时，父母双方还能依法享有对未成年子女的监护权吗？下列法规给出了答案。

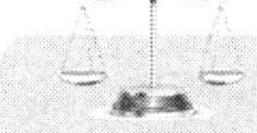

《中华人民共和国民法通则》

第二十一条　未成年人的父母已经死亡或者没有监护能力的，由下列人员中有监护能力的人担任监护人：

（一）祖父母、外祖父母；

（二）兄、姐；

（三）关系密切的其他亲属、朋友愿意承担监护责任，经未成年人的父、母的所在单位或者未成年人住所地的居民委员会、村民委员会同意的。

因此，父母是未成年人的法定监护人，只有在父母已经死亡或者没有监护能力时，才由该条款中规定的其他人依序担任监护人。换而言之，在父母之间并不发生变更监护人的问题。

幸福“法”宝小支招

只要父母在世，尽管离婚，在父母之间不发生变更监护人的问题。这么说来，案例中万枚想要与女儿一起生活的愿望要落空了吗？这里，我们有必要了解另外一个法律名词——抚养权。对于法律知识不太丰富的大多数人来说，可能会混淆抚养权和监护权的概念，而这关系到当事人寻求法律帮助时是否能提出正当、有效的诉讼请求。

监护权与抚养权大不同

要弄清楚监护权与抚养权的区别，首先要明白什么是监护权。监护权是监护人对未成年人和精神病人等无民事行为能力和限制行为能力人的人身权益、财产权益所享有的监督、保护的身份权。也就是说监护权与子女由谁抚养没有法律上的逻辑关系。**父母对子女的监护权是自然权利，不受父母之间婚姻关系解除的影响。所以，要想同子女一起生活，应该与对方争夺的是子女的抚养权而不是监护权。**

变更抚养关系，才可能实现与孩子生活的目的

现在可以清楚地知道，案例中万枚犯了混淆抚养权和监护权概念的错误，属于对法律的误解，要求变更监护权实际上不能达到诉讼目的。如果遇到了与万枚相似的问题，又应该怎么做呢？

尽管父母离婚并不影响父母双方继续作为未成年人的监护人，但有一点随着离婚将发生改变，那就是只有父或母一方作为与未成年人一起共同生活的实际抚养人，简言之，未成年人的实际抚养人只能是父母中的一人。同时，法律规定，允许在离婚后一方提起变更抚养人的诉讼。

因此，类似的情况，通过变更抚养关系才可能达到诉讼目的，实现与子女共同生活的愿望。当然，能否真正达到诉讼目的，还需满足变更抚养关系的条件，也就是：

(1) 与子女共同生活的一方因患严重疾病或因伤残无力继续抚养子女的；(2) 与子女共同生活的一方不尽抚养义务或有虐待子女行为，或其与子女共同生活对子女身心健康确有不利影响的；(3) 十周岁以上未成年子女，愿随另一方生活，该方又有抚养能力的；(4) 有其他正当理由需要变更的。原则上，离婚后，决定孩子由谁抚养，应从有利于孩子健康成长的角度考虑。

到这里，万枚能否争取到女儿的抚养权的结果已经明了了。万枚的女儿已满 12 周岁，有权决定随父还是随母生活，如果她要求随母亲生活的愿望很强烈，从有利于子女身心健康、保障子女合法权益角度的出发，法院在判决时会尊重她随母亲万枚生活的选择。

07

探望权不能随意被剥夺

父母亲情的那些事儿：

赵梦与钱文宇结婚5年后，因感情不和最终决定离婚。由于两人婚后居住的房子是钱文宇父母在婚前全额付款购买的，房屋所有权为钱文宇一人，在离婚时法院将房屋所有权判为钱文宇一人所有。在儿子抚养权一事上，赵梦考虑到自己家在外地，离婚后自己要租房住，觉得儿子跟着钱文宇会生活得更好，钱文宇的父母还能帮忙照顾儿子。于是，赵梦放弃了儿子的抚养权，儿子判为由钱文宇抚养。

此后，赵梦时常去探望儿子。但是钱文宇的父母认为两人已经离婚了，不希望赵梦与钱家有任何的瓜葛，提出只要赵梦放弃行使探望权，他们愿意出钱补偿赵梦。尽管赵梦十分不情愿，但迫于生计，还是答应了对方，双方立字为据。

等到赵梦生活稳定后，思子心切的赵梦常常偷偷去儿子的幼儿园看儿子。这件事被钱文宇家人发现后，两方发生了激烈的争执，最后闹到了法院。钱家以赵梦离婚时放弃探望孩子并立有字据为由，要求法院终止赵梦的探望权。而赵梦认为自己是孩子的亲生母亲，法院不应该剥夺其探望权。

枕边说“法”

这些年来，离婚率一直居高不下，离婚双方对子女的探望权纠纷屡见不鲜。取得抚养权的一方，无故阻挠另一方探视子女，许多人遇到这种情形会非常沮丧难过，同时手足无措，不知如何是好。

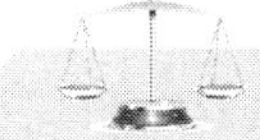

《中华人民共和国婚姻法》

第三十八条　离婚后，不直接抚养子女的父或母，有探望子女的权利，另一方有协助的义务。

父母和子女的关系是一种天生的关系，这种关系不会因离婚而终止。也就是说，离婚后，一方取得了孩子的抚养权，另一方则合法享有探望权。不过，在某些情况下，探望权是可能被中止的。

《中华人民共和国婚姻法》

第三十八条　父或母探望子女，不利于子女身心健康的，由人民法院依法中止探望的权利；中止的事由消失后，应当恢复探望的权利。

从上述法律条款中可知，只有当父或母对子女的探视不利于其身心健康时，探望权才能被中止。根据司法实践，中止探望权的事由大致包括以下几种情形：

1. 探望权人成为限制行为能力人或无行为能力人。

2. 探望权人患有严重危害子女健康的传染性疾病。

3. 探望权人多次采取非协议或非法院判决的时间和方式滥用探望权，对子女身心健康和生活学习造成严重影响。

4. 探望权人对子女有违法行为，包括民事侵权和犯罪。

5. 探望权人唆使子女敌视对方或对方家庭成员。

6. 探望权人品行不端，有酗酒、吸毒、赌博等恶习。

7. 探望权人有借机藏匿子女的企图或行为。

幸福“法”宝小支招

夫妻之间因为感情淡薄而离婚了，但是父母与子女血浓于水的亲情关系并不会就此割裂。未取得子女抚养权的一方，希望在离婚后仍能够关爱子女，仍然能与子女沟通交流、联络感情；而子女也渴望能继续得到父母双方的关爱，这种正常的感情需求理应受到保护，探望权就是在此基础上产生的。

而且行使探望权也并非仅仅只是对子女的看望，既有对子女生活的照顾，也包括对子女学习、思想、道德品质上的教育。这样，即使离婚了，亲情关系依然能够维系，子女身心能够健康成长。只要行使探望权没有伤害子女的身心健康，行使探望权本属于百利无一害，可是现实生活中，时常会发生取得抚养权的一方，用各种手段阻挠另一方探视子女。如果女性遇到这种情形该怎么办呢？

只有法院有权中止探望权

探望权是每个父母享有的法定权利，受到法律的保护，**除了法院有权利中止探望权外，其他任何人、组织或机关都不得以任何方式加以剥夺。**尽管案例中钱家提出赵梦在离婚后自愿放弃探望权并立有字据，并且付给一定金钱给赵梦属于事实。但是，虽然公民有权自由处分自己的民事权利，但是这种处分行为不能超过了法律允许的范围，不能违反法律规定。纵使探望权人的行为符合中止事由，也只有法院有权中止探视权。从这个意义上来说，钱家与赵梦达成的“买断”子女探望权协议是无效的。

最好用调解手段执行探望权

当男方无故阻挠女方探视子女时，女性自然不能忍气吞声，完全可以举起法律的大旗捍卫自己的权利。不过需要考虑到的是，探望权案件因为牵涉到孩子，如果提起诉讼请求法院强制执行，在执行的过程中如有不当，可能不仅不能维护申请人的权益，还可能给未成年子女的身心健康造成伤害。所以，最好能采取比较和缓的手段来调解执行，避免双方“撕破脸”。

08
父母去世后，所欠债务需要子女偿还?

父母亲情的那些事儿:

前不久，张丽的父母在一次外出途中，因车祸离开了人世。作为父母亲唯一的孩子，张丽强忍着悲痛，和丈夫一起将父母的丧事料理完毕。在父母的丧礼结束后的第二天，就有人找到张丽，说是张丽的父亲在生前曾向他借过30万元，一直没有归还，现在张丽的父亲已经去世，这笔欠款理应张丽来还。最后，来人还出示了张丽父亲所签的借条。

原来，张丽的父亲生前是做工程承包的，有一段时间资金周转不过来，就向人借了30万元。没想到借完钱没多久，就发生了意外。

现在张丽感到很矛盾，一方面想要帮父亲还清欠款，可另一方面，30万是一笔不小的数目，自己手上并没有这么多钱。而张丽的丈夫则认为张丽父亲的欠债与张丽无关，拒绝替张丽父亲偿还这笔钱。

枕边说“法”

我国自古以来就有“父债子还”的说法，那么，在现实生活中，是不是父母去世后，子女就一定要帮父母偿还债务呢？看看法律是怎么说的。

《中华人民共和国继承法》

第三十三条　继承遗产应当清偿被继承人依法应当缴纳的税款和债务，缴纳税款和清偿债务以他的遗产实际价值为限。超过遗产实际价值部分，继承人自愿偿还的不在此限。

继承人放弃继承的，对被继承人依法应当缴纳的税款和债务可以不负偿还责任。

由上述法律条款可知，只有在子女作为父母遗产继承人的前提下，子女才需为父母偿还所欠税款和债务；如果子女放弃继承父母遗产，就不需要为父母所欠税款和债务负责。此外，对于如何认定子女是否放弃遗产继承，《继承法》也作出了相关的规定。

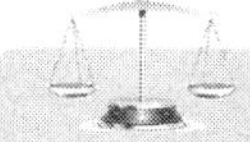

《中华人民共和国继承法》

第二十五条　继承开始后，继承人放弃继承的，应当在遗产处理前，作出放弃继承的表示。没有表示的，视为接受继承。

幸福“法”宝小支招

依据《继承法》的有关规定，子女是父母遗产的第一顺序继承人。在处理父母遗产前，子女明确表示放弃遗产继承的，可以不用偿还父母的债务。这是否意味着子女可以“逃避”父母生前所欠债务呢？实际上，法律之所以有相关规定，是依托于现代法学理论：在法律上，父和子是两个独立的民事主体，不因血缘关系而混同为一体。通俗地讲，在法律上，子女不必为父母的民事行为负责，父母债务应该与子女无关，在父母生前是如此，在父母去世后也是如此。除非子女继承了父母的遗产，才会发生债务的转移。

只要子女继承开始前，明确表示了放弃继承遗产，债权人就无权向债务人子女追讨债款，这一点很好理解。而当子女已经成为父母遗产的继承人时，情况就复杂得多了。不管情况如何复杂，作为继承人，应该有两点认识。

父母所欠债务是否为合法债务

按照我国法律的规定，非法债务是不受法律保护的。个人债务被认定为非法债务，通常为下列情形：个人借款用于赌博、贩卖假币、贩卖毒品、走私等非法活动，如果出借人明知借款人是为了进行非法活动而借款的，所产生的借贷关系不受法律保护。在日常生活中，经常会发生父母去世后，生前所欠赌债未还的事，这种债务实际上是无效的，子女作为继承人也不必偿还。

父母所欠债务是否超过了遗产实际价值

按照《继承法》的有关规定，继承遗产应偿还被继承人生前所欠债务，但应以遗产实际价值为限，对于超出的部分，继承人不必承担偿还义务。可以打个比方，假如父母遗留下来一套房子，房子价值 50 万元，而父母欠债为

80 万，那么子女只需偿还 50 万即可，超出的 30 万不在偿还范围之内。当然，如果子女愿意偿还超出的部分，这种行为非常值得提倡，不过其属于公民个人的行为，并没有法律上的强制规定。

最后，还需说明一点，上面所述的债务均是指父母的个人债务。**假如父母以自己的名义所借的债务是为了用于包括子女在内的家庭成员的开支，那么子女也有连带义务，**子女应对父母的全部债务承担偿还的责任。

09

临危“授命”，口头遗嘱一定有效吗

父母亲情的那些事儿：

卫兰认识老公罗强之前，罗强已经有过一段婚姻经历，并且跟前妻肖慧育有一女罗薇，离异后罗薇跟肖慧生活在一起。卫兰和罗强结婚后，生下儿子罗小天。

2010 年，罗强突发疾病入住医院，后来病情加重，医院下了病危通知书。在进入手术室抢救之前，罗强当着两位医生和两位护士的面立下一份口头遗嘱，交代自己所住的房屋给留给卫兰和儿子罗小天，自己在银行的 30 万存款给女儿罗薇，另外市值约 10 万元的股票给前妻肖慧。

因为抢救及时得当，罗强从死亡线上被救了回来。几天后，罗强已经完全脱离危险，并且神志清醒，能够与人正常交流。可惜好景不长，在半年以后，罗强还是去世了。

在处理罗强的遗产时，卫兰与肖慧产生了很大的争议，肖慧一方坚称应该按照罗强的口头遗嘱分割遗产，而卫兰认为当时情况紧急遗嘱并不能算数。在两方未能大致一致意见的情况下，卫兰将肖慧和罗薇告上法庭，要求依法分割遗产。

枕边说“法”

关于口头遗嘱的认定，我国《继承法》第十七第五款是这样规定的：

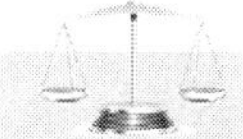

《中华人民共和国继承法》

第十七条　遗嘱人在危急情况下，可以立口头遗嘱。口头遗嘱应当有两个以上见证人在场见证。危急情况解除后，遗嘱人能够用书面或者录音形式立遗嘱的，所立口头遗嘱无效。

在五种遗嘱表现形式中，相比公证遗嘱、自书遗嘱、代书遗嘱和录音遗嘱，口头遗嘱最为简便，但因此也最难认定，事后常常因为没有客观证据，很难查证是否属实。因此，我国《继承法》严格规定了口头遗嘱成立的条件，具体条件为：

1. 口头遗嘱“订立”的前提只能是危急情况下。

2. 在危急情况解除后，也就是立遗嘱人恢复了采用其他方式立遗嘱的能力时，该口头遗嘱即视为无效，应用其他方式再立遗嘱。

3. 口头遗嘱必须有两个以上见证人在场见证，并且规定了见证人的条件，作为遗嘱的见证人不能是：（1）无行为能力人、限制行为能力人；（2）继承人、受遗赠人；(3) 与继承人、受遗赠人有利害关系的人，即继承人或受遗赠人的近亲属或与继承人有民事债权和债务关系的人。

4. 立遗嘱人口述的内容是处理遗产的意思才为口头遗嘱。

只有满足了上述四个条件，所立口头遗嘱才具有法律效力，在立遗嘱人死亡时生效。

幸福“法”宝小支招

现在可以用上述法律知识对案例进行判断了，案例中罗强在命垂一线的情况下，是可以立口头遗嘱的，在场的见证人也符合条件。但在罗强脱离危急状态到死亡这之间的半年时间，罗强完全有能力用书面或录音的形式立下遗嘱。因此，可以判定罗强的口头遗嘱无效，罗强的继承人应该按法定继承继承遗产。

只要符合了“订立”口头遗嘱的四个条件，口头遗嘱就具有法律效力，明白这一点，大多数的口头遗嘱纠纷案都能得出一个明确的答案了。另外，在现实生活中面临口头遗嘱时，有两点还需你注意。

口头遗嘱等多份遗嘱并存，公证遗嘱法律效力最高

现实生活中会有这样一种情形存在，即立遗嘱人立有口头遗嘱、录音遗嘱等多份遗嘱，如果是这样，口头遗嘱还能作数吗？

我国《继承法》第二十条规定：“遗嘱人可以撤销、变更自己所立的遗嘱。立有数份遗嘱，内容相抵触的，以最后的遗嘱为准。自书、代书、录音、口头遗嘱，不得撤销、变更公证遗嘱。”也就是说，**当多份遗嘱相互冲突时，应以时间在后的遗嘱为准；但其中有公证遗嘱的，以最后所立公证遗嘱为准。**可见，公证遗嘱的效力是最高的。

解除危急状况后，应及时采用合法的遗嘱形式坐实口头遗嘱

口头遗嘱作为一种特殊的遗嘱形式，只有存在于危急状况时才有效，一旦危急状况解除后，之前所立的口头遗嘱便失去了法律效力，也就是在法律上是不被认可的。因此，在危急状况解除之后，应该及时采用合法的遗嘱形式，使口头遗嘱中立遗嘱人的意思在法律上有效。案例中的罗强，在脱离生命危险之后至死亡的半年时间内，可以采取书面遗嘱或录音遗嘱的方式，表达口头遗嘱中处理遗产的意愿。这样做有两个好处，一来可以使遗产按照个人立遗嘱时的意愿进行处理，二来能尽可能地避免遗产继承人之间产生纠纷，维护家庭的和睦。

不过，在现实生活中，一般人对立遗嘱都有所忌讳，尚在壮年的人尤其如此。这就是为什么在脱离生命危险后，很多人都不会去坐实先前所立口头遗嘱的原因。因此，需要家人从立遗嘱人的角度出发，进行委婉的劝说，最大程度避免今后产生诉讼纠纷。

····10····

孩子闯祸，家长有不可推脱的责任

父母亲情的那些事儿：

马晓芬的儿子豆豆今年4岁，正上幼儿园中班。这天马晓芬下班后去幼儿园接儿子回家，见豆豆正和别的孩子在游乐场嬉闹，马晓芬决定让豆豆先玩一会儿再回家，于是和其他的家长在一旁等候。

豆豆和其他小朋友一起开心地玩着滑梯，马晓芬没太在意，跟其他家长聊起天来。突然，她听到了豆豆痛苦的哭声，转头一看，发现豆豆正躺在地上，头上鲜血直流。她赶紧跑过去，也顾不上问是怎么回事，抱起豆豆就往医院赶。经检查，豆豆额头头皮破裂，缝了四针，总共花了900多元。

后来询问豆豆，马晓芬才知道是一个同班的小朋友跟豆豆抢滑梯，没抢到就把他推了下去，正好头部撞到了地上。而当天在现场的家长也向马晓芬证实，确实看到有个孩子推了豆豆一把。马晓芬觉得既然孩子受伤是因为别的孩子引起的，那孩子的家长理应赔偿医疗费。可是，当马晓芬找到对方家长时，对方却矢口否认了自家孩子的行为。等马晓芬找来其他家长作证人进行对质，对方才极不情愿地承认了事实，但却认为那只是孩子之间玩闹造成的意外，不愿意赔偿医疗费。

枕边说“法”

随着时代的发展，社会环境在发生着剧烈的变化，未成年人所接触的环境非常广阔，所遇到的危险也越来越多。而由于社会环境复杂化，孩子的个性也会受到多方面的影响，“闯祸”的几率也大大增高。在未成年人发生事故时，无论自家孩子是作为“闯祸者”还是“受害者”，家长都应该了解相关方面的法律，以便在必要时进行适当的处理。

《中华人民共和国民法通则》

第十六条　未成年人的父母是未成年人的监护人。

第一百三十三条　无民事行为能力人、限制民事行为能力人造成他人损害的，由监护人承担民事责任。监护人尽了监护责任的，可以适当减轻他的民事责任。

而对于离异夫妻对未成年子女侵害他人利益的情况，在对《中华人民共和国民法通则》的司法解释中，则是这样说的：

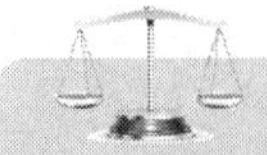

《〈中华人民共和国民法通则〉司法解释》

第一百五十八条　夫妻离婚后，未成年子女侵害他人权益的，同该子女共同生活的一方应当承担民事责任；如果独立承担民事责任确有困难的，可以责令未与该子女共同生活的一方共同承担民事责任。

由此可见，如果孩子侵害了他人的利益，家长有着不可推脱的责任。

幸福“法”宝小支招

孩子发生事故时，保留证据

无论是自家孩子在外闯祸，还是孩子成为未成年人纠纷事故中的受害者，身为家长都应该及时保留好证据，作为日后解决纠纷、保护自家孩子权益的凭据。

了解孩子的社交圈

未成年人之间出现纠纷或事故，往往与他们的社交圈有着密不可分的关系。一般来说，母亲与孩子之间更容易形成融洽的沟通关系，母亲不妨多与孩子进行交谈，并了解孩子的社交圈，认识孩子的朋友，这对于预防孩子在外闯祸、帮助孩子更正确地择友，有着至关重要的作用。

了解孩子的网络轨迹

如今，网络已经进入了千家万户，成为人们不可缺少的沟通工具，即使是未成年人，也能自如地运用网络进行交流。相对于现实生活来说，父母对于孩子网络行为的关注往往很少。而实际上，由于网络的特殊性，孩子更容易做出不符合自身年龄段的事，甚至有进行网络犯罪的可能。所以，父母最好给家中的电脑安装未成年人上网监控软件，平时跟孩子多交流，多引导他们进行健康的网络活动。

即使离异，也要关心孩子的生活

从《民法通则》及其司法解释中可以知道，即使在夫妻离异之后，由前妻负责抚养孩子，一旦孩子侵害了他人权益必须承担民事责任，而前妻又无力独自承担，那么丈夫也需要共同承担这份责任。由于家庭的不完整，离异家庭的孩子更容易受到复杂社会环境的影响，如果父母不进行耐心教育，就可能犯下大错。所以，即使离婚后自己并不负责抚养孩子，也要关心孩子的生活，关心孩子的成长，否则一旦子女“闯祸”，不和子女共同生活的一方可能也难辞其咎。

…… 11 ……

人工授精，“特殊”孩子的继承权不特殊

父母亲情的那些事儿：

张雅文属于在感情上“开窍”比较晚的一类人，在不用工作的时间里，自己一个人或者与要好的朋友一起出去旅游、走走，日子倒也逍遥自在。不知不觉，已是30岁的张雅文突然就成了他人口中的“剩女”。也许一个人待久了，张雅文开始向往家庭生活，于是自然地加入了相亲大军。在一次相亲活动中，张雅文遇见了32岁的佟军。佟军在各方面都和张雅文很相称，两人相处得也算愉快，再加上两人年纪都不小了，所以在交往半年后就领证结婚了。

考虑到年龄因素，婚后两人就开始了备孕计划，可是两年过去了，张雅文的肚子仍然没有动静。到医院一检查，张雅文一切正常，问题出在佟军身上。后来，两人跑了很多家知名的医院治疗，

仍然不见效果。想到再拖下去，“高龄”的张雅文可能会出现怀孕障碍。两人经过商量后，决定采取人工授精。手术后，张雅文如愿以偿怀上了宝宝。

可是在孩子出生后不久，两人感情产生裂痕，佟军坚持与张雅文离婚。既然佟军心意已决，独立要强的张雅文觉得挽留已没有任何意义。两人离婚后，佟军很快又结婚，张雅文则带着孩子单过。佟军的再婚妻子是“丁克”的拥护者，两人倒是情投意合。只是天意弄人，再婚后1年，佟军查出患有晚期肝癌，在半年后就撒手人寰了。念在曾经夫妻一场，张雅文前去为前夫凭吊，而就在那时张雅文得知佟军在弥留之际留下一份遗嘱，遗嘱的内容是将佟军在再婚时所买房屋以及自己的部分财产全部留给现任妻子。这是不是意味着孩子无法继承佟军的遗产了呢?

枕边说“法”

公民死亡后，子女是其合法的遗产继承人，对于“子女”的认定，《继承法》第十条第三款进行了说明：

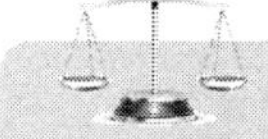

《中华人民共和国继承法》

第十条　本法所说的子女，包括婚生子女、非婚生子女、养子女和有扶养关系的继子女。

上述条款中提到了四种类型的“子女”，不过其中并没有提到人工授精子女，那么，对于人工授精子女又应该如何定性呢?

《关于夫妻离婚后人工授精所生子女的法律地位如何确定的复函》

在夫妻关系存续期间，双方一致同意进行人工授精，所生子女应视为夫妻双方的婚生子女，父母子女之间的权利义务关系适用《婚姻法》的有关规定。

可见，只要是在婚姻关系存续期间，双方均同意采取人工授精，那么所生子女应该划分为婚生子女的范畴。这其中又包括两种情况：一是精子和卵子来源于夫妻双方，只是采用科学技术辅助授孕，所生孩子与父母存在血缘关系，属于婚生子女；另一种是在婚姻关系存续期间，经丈夫同意或者事后丈夫明确表示无异议，妻子采用人工技术授孕，精子不是生育妇女丈夫提供的，但所生子女在法律上仍视为丈夫法律上的婚生子。

幸福“法”宝小支招

如今，人工授精已经是非常成熟的一项技术。对于婚后丈夫无法生育的家庭来说，采用人工授精技术生育一个孩子，让家庭享受到拥有孩子的天伦之乐，属于高科技造福人类的一个表现，本来无可厚非。但是，也因此产生了不少问题。精子和卵子都来源于夫妻二人，所生的孩子自然属于夫妻两人的孩子，这种情况下通常不会有什么问题；而对于借精生子的家庭来说，如果丈夫或者丈夫的家人对孩子不认可，一旦离婚或者丈夫发生意外，就很可能发生抚养权和继承权的纠纷。遇到这种问题，女性应该怎么做呢？

处于纠纷漩涡，女性应勇敢维护子女的合法继承权

尽管采取人工授精是夫妻双方的共同决定，但如果是借精生子，在孩子生下来以后，丈夫或者丈夫的家人可能并不承认这个孩子。这样就可能产生两个问题，一是在离婚时，丈夫不愿意支付孩子的抚养费；二是如果丈夫去世，孩子可能无法顺利继承其遗产。

对于第一个问题，在“枕边说‘法’”中我们已知只要双方都同意人工授精，人工授精子女在法律上就属于婚生子女，也就是说在法律上与父母的关系等同于正常的父母子女关系。那么，即使婚姻关系不再存在，男方也要付起抚养责任。如果男方逃避抚养义务，女方可以寻求法律的帮助。

对于第二个问题，如果男方对孩子不认可，在立遗嘱时并没有将孩子列为遗产继承人，如同案例中发生的情况，人工授精子女的合法权益也不会因此消失。这是因为**尽管公民有权将自己的所有财产经过订立遗嘱的方式，指定其法定继承人。但法律同时也规定，“遗嘱应当对缺乏劳动能力又没有生活来源的继承人保留必要的遗产份额。”**因此，拥有法律赋予的法定继承人身份的人工授精子女，在其尚且年幼即满足“缺乏劳动能力又没有生活来源”的条件时，遗嘱应当为其保留必要的遗产份额。

决定进行人工授精前，必要的协议一定要签

接受人工授精手术，对于女性来说通常是一种无奈的选择。不管怎样，对于还未生育的女性，一旦决定接受人工授精手术，为了避免今后遇到一些难以想象的难题，即使丈夫已经同意人工授精，也应该与丈夫签订书面协议为证；同时，夫妻双方应与医院签订协议并予以公正。这样才能确保人工授精子女的婚生子女地位受到法律的保护，依法享有法定继承人的身份，最大程度地维护子女的合法权益。

P A R T　S I X　第 六 章

日常消费篇
保证权益，做最明白的消费者

01
别让“最终解释权”剥夺你的权利

消费场上的那些事儿：

身为小白领的艾琳，平时最发愁的就是自己的身材，整天坐在办公室里缺乏锻炼，小肚腩和粗小腿实在让人懊丧。想要去健健身吧，又怕自己没法长期坚持。如今健身俱乐部都是会员制，一年就得几百上千会费，万一将来不想健身了，这笔钱岂不是打了水漂？

正好，附近一家健身俱乐部刚开业，正铺天盖地做着广告。艾琳看了看广告单，上面一行文字引起了她的注意：“本店承诺，会员可中途退款，退款金额以办卡日期与退款日期计算。”这条款着实吸引人，如果能随时退款，就没有后顾之忧了。于是，艾琳兴冲冲地办了一张会员年卡，原价900元，因为俱乐部新开张，她拿到了优惠价，以800元成交。

没过一个月，艾琳果然对健身失去了兴趣。她拿着会员卡来到俱乐部前台，想要办理退款，却得到了意想不到的回答：因为艾琳办理的会员卡是优惠价，所以不享受随时退款的待遇。艾琳生气地与工作人员争执起来，对方却将会员卡上的一句话指给她看："本活动解释权归本公司所有。"看到这里，艾琳只能哑口无言。

枕边说"法"

如今各大商家在进行促销活动时，往往都会在促销广告旁加上一行小小的文字："本宣传品内容仅供参考，商家保留最终解释权。"一句"保留最终解释权"，就将所有的责任推得一干二净。但实际上，对于"最终解释权"，商家并没有独揽的权力。

2010 年 3 月 13 日，国家工商总局发布了《合同违法行为监督处理办法》，其中的第十一条是这样规定的：

《合同违法行为监督处理办法》

第十一条　经营者与消费者采用格式条款订立合同的，经营者不得在格式条款中排除消费者下列权利：

（一）依法变更或者解除合同的权利；

（二）请求支付违约金的权利；

（三）请求损害赔偿的权利；

（四）解释格式条款的权利；

（五）就格式条款争议提起诉讼的权利；

（六）消费者依法应当享有的其他权利。

也就是说，对于以上所说的这些权利，商家是不能用一句“保留最终解释权”就轻易撇开的。如果商家侵犯了消费者的这些权利，消费者可以依照法律进行投诉或起诉，并没有必要因为一句“解释权归商家所有”，就放弃自己的权利。

幸福“法”宝小支招

根据《合同违法行为监督处理办法》可以知道，“最终解释权归商家”的规定，其实已经属于霸王条款，是一种违法的行为。但从目前市场的现状来看，很多商家并不重视这个规定，仍然我行我素地推行着霸王条款；而大多数消费者也并不知道这一规定，所以在遇到纠纷时，往往也会感到“理亏”，从而不再向商家提出正当的要求。

所以，身为消费者一定要学会自我保护，对于这类一开始就以“最终解释权”来推卸责任的商家，要提高警惕、避免上当；一旦出现类似的纠纷，也要及时保留证据，然后向消保委和工商部门反映，并在必要时提起民事诉讼。一般来说，有以下几个典型的陷阱是需要注意的：

卡内余额不退还

如今不少商家为了招徕顾客、维持固定顾客群，都会推行会员卡制度，由消费者向卡内充值。这种会员卡制度给消费带来了一定的便利，但也有着不少的隐患，一旦消费者希望中止在店内的消费，往往会为卡内的余额问题与商家发生纠纷。实际上，会员卡制度涉及消费者合同行为，而对合同的解释权绝不可能只有商家享有，而应该由合同各方当事人共同享有。在合同履行过程中如果对合同条款的理解发生了争议，就应该由合同各方当事人共同协商解决。

促销活动规则不明确

许多商场在进行促销活动时，往往会打出“满百送百”“满百打折”等广告词。但在具体的促销规则上，却又有着诸多限制，比如送出的是返券而不是现金、返券只能在购物达到一定金额时使用、某些商品不参加活动等等。在对消费者进行广告宣传时，这些规则要么写得非常模糊，要么干脆略过不写，所以为了避免产生纠纷，消费者在一开始就要对这些规则询问清楚。

自定最高金额

商家在进行商业活动时，还可能对某些金额进行限制，比如中奖金额、赔偿金额等。比如在干洗行业，许多干洗店都会自行制定最高赔偿金额，比如“赔偿额不超过干洗费的 10 倍”等。所以在消费之前，就必须问清赔偿金额的最高限制。

02
当明码标价遇上擅自涨价

消费场上的那些事儿：

自从在杂志上看到那款A品牌的大衣，小苏就念念不忘。她在商场看到了同样的款型，价格要1285元，这个数字让她不禁暗暗咋舌，去另外几家商场看看，价格也是一样。

事有凑巧，这天小苏经过步行街，看到了A品牌的专卖店。走进去一瞧，发现那款大衣竟然只卖988元，这让她惊喜不已，赶紧拿下来试穿，一旁的营业员也连声称赞，说小苏的眼光真不错。小苏又看中了店内的一款丝巾，于是询问营业员，是不是可以买大衣送丝巾。营业员自己做不了主，就去询问经理。

可没想到经理看了大衣的价格，说这件大衣的标牌挂错了，应该从本月开始就涨价到1285元，而988元只是涨价前的旧价格。这下不仅没了赠品丝巾，连原价都得涨了。小苏很不服气，明明标注了 988 元的价格，怎么能临时反悔呢？

枕边说“法”

如果你仔细观察路边的广告，往往会发现这样的现象：商家进行了大量的低价宣传来招徕顾客，而当顾客真正走进店内进行交易时，才发现价格并不像广告说的那样低；还有更严重的情况，就是如小苏遇见的这样，商家以低价吸引顾客，然后再打出“标牌放错”的名义，在消费者已经达成购买意愿后坐地起价。这样的行为，其实是违反法律的。

《中华人民共和国消费者权益保护法》中这样规定：

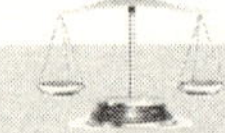

《中华人民共和国消费者权益保护法》

第八条　消费者享有知悉其购买、使用的商品或者接受的服务的真实情况的权利。

消费者有权根据商品或者服务的不同情况，要求经营者提供商品的价格、产地、生产者、用途、性能、规格、等级、主要成分、生产日期、有效期限、检验合格证明、使用方法说明书、售后服务，或者服务的内容、规格、费用等有关情况。

第十九条　经营者应当向消费者提供有关商品或者服务的真实信息，不得作引人误解的虚假宣传。

经营者对消费者就其提供的商品或者服务的质量和使用方法等问题提出的询问，应当作为真实、明确的答复。

商店提供商品应当明码标价。

而在《关于商品和服务实行明码标价的规定》中，也有这样的规定：

《关于商品和服务实行明码标价的规定》

第十九条　经营者不得在标价之外加价出售商品，不得收取任何未予标明的费用。先消费后结算的，须出具结算单据，并应当列出具体收款项目和价格。

一项服务可分解为多个项目和标准的，经营者应当明确标示每一个项目和标准，禁止混合标价或捆绑销售。

第二十条　经营者不得利用虚假的或者使人误解的标价内容及标价方式进行价格欺诈。

第二十一条　经营者有下列行为之一的，由价格主管部门责令改正，没收违法所得，可以并处 5000 元以下的罚款；没有违法所得的，可以处以 5000 元以下的罚款。

（一）不明码标价的；

（二）不按规定的内容和方式明码标价的；

（三）在标价之外加价出售商品或收取未标明的费用的；

（四）不能提供降价记录或者有关核定价格资料的；

（五）擅自印制标价签或价目表的；

（六）使用未经监制的标价内容和方式的；

（七）其他违反明码标价规定的行为。

因此，商家在标签上标明的是 988 元的价格，却要以 1285 元将商品卖出，这就侵犯了消费者的知情权和公平交易权。

幸福“法”宝小支招

明码标价的商品，却遇到了擅自涨价，这种情况其实并不少见。本文中的事例较为典型和明显，而在许多人的消费过程中，还会遇到许多隐形的擅自涨价。要想避免你的消费权益受到侵犯，一定要注意以下几个方面：

逛超市，记好价格留好小票

经常去超市购物的人，常常都会遇见超市商品打折的情况。看见货架上的某件商品标示着打折的标牌，往往会选购许多放入购物车内。但一定要留意这种情况：在结账时，有可能发现商品扫描出的价格并没有打折，如果消费者粗心大意、不记得商品货架上标示的折后价，或是根本没有留意查看购物小票，就会不知不觉地被侵犯了权利。所以在超市购物时，一定要记好货架上标示的打折价，并在结账后立刻将小票浏览一遍，进行仔细核对，确认无误之后再离开收银台。

发生纠纷，重视证据与证人

一旦发生商家无视商品标价、坐地起价的情况，一定要保留好原标价的证据，才能有所凭据地对商家的行为进行投诉。此外，还可以求助于其他在场者进行作证。最重要的是，许多女性有着强烈的购物冲动，一旦“认定”某件商品，即使碰到就地涨价的情况，也可能因为一时冲动而向商家妥协，以高价买下，殊不知这样的选择会纵容商家的行径。所以，一旦发生纠纷，在保留证据的情况下迅速进行投诉，才是最适当的选择。

03
定金与订金的那些事儿

消费场上的那些事儿：

婚事临近，张芹和未来老公也在为婚纱照的事情忙活。他们看中了一家婚纱影楼，因为各方面的服务都很不错，张芹很快就选择了一款6888元的婚纱照套餐，并且预付了3888元的定金，约好两星期后来拍摄婚纱照。

可刚刚付完款没几天，张芹就改变了主意。她看到网上的资讯，才知道如今非常流行旅行拍照，不仅有着优美的景色作为背景，而且价格也相对更便宜。于是，小两口打算去海南旅行结婚，顺便请海南的摄影工作室帮忙拍婚纱照。这样一来，原本在婚纱影楼定下的婚纱照套餐就得取消了，张芹小两口来到影楼，希望可以退还定金。

可是，影楼的工作人员却拒绝了他们的退款请求。影楼的理由是：这3888元是预付的定金，而如今违约的人是张芹，影楼方面不负有违约责任，所以必须将3888元全部没收。张芹很郁闷，自己确实是违约了，也愿意承担一小部分的违约金，可是一次就将几千元全部没收，她实在不能接受。

枕边说“法”

对于定金的说法，许多人并没有准确的认识。定金究竟意味着什么？在消费行为中止时，定金能否退回，又应该退回多少？在我国的《担保法》中，其实已经进行了明确的规定：

《担保法》

第八十九条　当事人可以约定一方向对方给付定金作为债权的担保。债务人履行债务后，定金应当抵作价款或者收回。给付定金的一方不履行约定的债务的，无权要求返还定金；收受定金的一方不履行约定的债务的，应当双倍返还定金。

第九十条　定金应当以书面形式约定。当事人在定金合同中应当约定交付定金的期限，定金合同从实际交付定金之日起生效。

第九十一条　定金的数额由当事人约定，但不得超过主合同标的额的百分之二十。

由此可以知道，在张芹一方违约的情况下，商家有权不返还定金。不过，由于第九十一条对定金数额的规定，合同标的额 6888 元的**百分之二十**，应该是 1377. 6 元，而张芹预付的定金是 3888 元，显然超过了这个数额，所以超过的部分，是应该返还的。

幸福“法”宝小支招

有了对定金的正确认识，才能在进行“预付款”的交易时，保护好自己的权益。

保留定金凭据

虽然法律规定的定金金额有所限制，不能超过主合同标的额的百分之二十，但在实际的消费行为中，许多商家都并没有遵守这一规则，很多定金数额都远远超出了百分之二十。而消费者作为弱势群体，往往无法改变定金数额的大小，只能“忍气吞声”。这就需要在预付款时**保留好定金凭证，**在凭证上准确注明定金的数额，一旦将来发生定金退还的纠纷，就可以向相关部门求助。

认清定金与订金

在保留定金凭据时还必须擦亮眼睛，看清凭据上写的是“定金”还是“订金”。这两者有本质区别，**定金具有担保和赔偿性质，**在违约时的返还依照法律规定进行；而如果是**“订金”，法律上就没有明确规定了，**一般可以视为“预付款”，当其中一方违约时，双方如果有约定，就按照约定执行；而如果没有约定，经营者违约时一般应该无条件退款，而消费者违约时，可以协商解决。

04
赠品也要保证质量和权益

消费场上的那些事儿：

家中装修的时候，Ada在家电卖场买了两台空调，一台立式，一台挂式，总共花了一万多元钱。当时的卖场正在做促销活动，于是Ada得到了两件赠品，一台电饭煲和一台挂烫机。她看了看电饭煲和挂烫机的标牌，都不算什么有名的品牌，但也聊胜于无，算是节省了购买小家电的预算。

可搬进新家不到3个月，电饭煲和挂烫机接连出了问题。先是电饭煲的煮饭保温功能失灵，后是挂烫机的伸缩杆无法伸缩，给Ada的生活带来了很多不便。她赶紧找到商场，希望能要个说法——要么维修，要么退换。可店家却说电饭煲和挂烫机都是赠品，而赠品不享受售后服务，如果需要修理，就必须付修理费；此外恕不退换。无奈之下，Ada只好交了钱，让卖场联系厂家进行修理。

枕边说“法”

如今消费赠品的现象随处可见，比如买西装赠衬衣，买空调赠电饭煲，买一箱饮料增两瓶饮料等等。不少消费者在购买商品的过程中，不再仅仅以商品本身的质量和价格为标准，同时也会考察赠品的数量和实用性，如果赠品看上去较为划算，消费者的决定就会受到影响。

但是，一旦赠品出现了质量问题，消费者在找商家进行调换、修理、退赔时，却往往会因为“赠品”的身份，而遭受不公平的待遇。赠品的质量不及普通商品，不能享有售后服务，这已经成为许多商家奉行的市场潜规则。但实际上，消费者有权要求商家保证赠品的质量。

在我国的《合同法》中，关于赠与的责任规定是这样的：

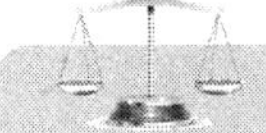

《中华人民共和国合同法释义》

第一百九十一条　赠与的财产有瑕疵的，赠与人不承担责任。附义务的赠与，赠与的财产有瑕疵的，赠与人在附义务的限度内承担与出卖人相同的责任。

赠与人故意不告知瑕疵或者保证无瑕疵，造成受赠人损失的，应当承担损害赔偿责任。

而在《消费者权益保护法》中的规定则是：

《中华人民共和国消费者权益保护法》

第二十六条　经营者在经营活动中使用格式条款的，应当以显著方式提请消费者注意商品或者服务的数量和质量、价款或者费用、履行期限和方式、安全注意事项和风险警示、售后服务、民事责任等与消费者有重大利害关系的内容，并按照消费者的要求予以说明。

经营者不得以格式条款、通知、声明、店堂告示等方式，作出排除或者限制消费者权利、减轻或者免除经营者责任、加重消费者责任等对消费者不公平、不合理的规定，不得利用格式条款并借助技术手段强制交易。

格式条款、通知、声明、店堂告示等含有前款所列内容的，其内容无效。

根据合同法我们可以知道，消费行为中的赠品是比较特别的，与一般的赠与行为有所不同。消费者只有根据商家要求，在指定地点、指定商品消费总额达到一定数量的情况下，才能得到商家所赠与的商品。因此，商家的赠与绝非无偿，而是附有条件的。根据《合同法》的规定，这种赠与的赠与人在附义务的限度内承担与出卖人相同的责任。因此，商家应该对所赠与商品的质量负责。

而根据《消费者权益保护法》，获取货真价实的商品是消费者不可侵犯的权利。即使是赠品，也应该具备合格的品质，商家不能赠送不合格的或假冒的产品。事实上，商家用于促销的赠品大多数也计入销售成本中，因此，赠品实际上也是商家用于销售的产品，应当受到消费者权益保护法及产品质量法的约束。

幸福“法”宝小支招

“买一赠一”、“有奖销售”等送赠品的活动，是建立在消费者购买商品的基础上，商场已将赠品的成本转移到了售出的商品之中，因此赠与并不是无偿的。商家的这种赠与其实是建立在消费者履行付款购买商品的义务基础上的一种附义务的赠与。因此，商家绝对有义务对赠品作出与商品同样的质量承诺。而作为消费者，在消费时也应该把好自己这一关，避免在赠品质量上被侵害权益。

别被赠品冲昏头脑

事实上，许多商家进行的赠品促销并没有人们想象的那样划算。有些商家捆绑赠品进行促销，但售出物品的价格却比原价高了不少；有些商家将赠品的价格进行夸大宣传，让消费者误认为占了“大便宜”，实际上赠品价格非常便宜；还有些商家将滞销商品作为赠品，消费者一时冲动购买回家，才发现赠品没有丝毫用武之地；更有商家甚至以伪劣商品、过期食品、过期护肤品作为赠品，从而威胁着消费者的身体健康。

正因为此，赠品出现质量问题的几率比一般商品要高得多。消费者抱着占便宜的心态，为得到赠品而购买商品，结果却往往在赠品上“吃亏上当”。因此，首先应该注意的就是别被赠品冲昏了头脑，在购买商品时，赠品的生产日期、品牌标识、标准认证标识也都要一一检查。

赠品也要索取发票

从法律条文中我们可以看出，商家为了推销商品或服务，以赠与的促销形式向消费者提供商品或者服务，不能免除对该赠品、赠与的服务所承担的修理、更换、重做、退货以及其他责任。一旦赠品出现了问题，消费者可以与商家交涉，如果商家拒绝进行更换或修理，则可以向当地消费者协会投诉，也可以向人民法院提起诉讼。但在具体的消费纠纷中，如果消费者没能保留好证据，无法证明赠品是从商家处得来，往往很难保证自己的权益。

所以在进行购物时，即使是商家赠送的赠品，消费者也要养成索取发票的习惯，这样在赠品发生质量问题时，才能有凭有据地进行投诉。如果有些商家坚持不提供赠品的发票，那么至少也要要求对方能够提供相关的购买证明，这样才能有效地维护自己的合法权益。

05

送货上门，出现质量问题也能退换吗

消费场上的那些事儿：

这年头，网络消费方式已经普及到了千家万户，万丽丽也是网购大军中的一员。她几乎什么都网购，小到零食、饰品，大到电子产品、家用电器，她都能找到最方便的渠道从网上购得，不仅价格比实体店里便宜，而且快捷方便，商品都是送货上门，连出门都省了。

不过，最近万丽丽的一次购物经历却让她很烦恼。她在某家电商网站上购买了一台带有烘干功能的洗衣机，两天后，货物就送上门了。由于当天她正临时接到公司的出差任务，急着出门，没来得及立刻开箱验货，就让负责送货的工人离开了。1个月后出差完毕回到家，她才叫了专门的安装工人上门开箱安装，谁知道等安装完毕了，却发现洗衣机的烘干功能竟然不起作用。

万丽丽明白，这是遇到有问题的商品了。一开始，她也没太着急，因为以前也并不是没遇到过质量问题商品退换的情况。可这一次结果却出乎她的意料：联系电商网站后，对方竟然说，由于万丽丽在收货时没有开箱检查，而且又过了15天的退换期限，所以他们不负任何责任。

枕边说“法”

随着当今社会购物方式越来越多样化，“送货上门”也成为一种常见的现象。有些情况下，是消费者通过网络下订单，预购或预先付款，然后由商家送货上门；也有些情况是消费者在实体店里选好样品型号，然后由商家送货上门。无论是哪一种情况，“送货上门”都涉及一个责任区分的问题，那就是：由于无法像在实体店里一样进行现场验货，送货上门后的验货就成了许多消费纠纷时的焦点。那么，商品验货究竟是谁的责任呢？

《部分商品修理更换退货责任规定》

第五条　销售者应当履行下列义务：

（四）产品出售时，应当开箱检验，正确调试，介绍使用维护事项、三包方式及修理单位，提供有效发票和三包凭证。

由此可见，当产品出售的时候，对产品进行开箱和验货，以及对产品进行调试、各方面的具体介绍等，都是销售者的责任。

那么，当由于种种原因，没能在送货上门时进行现场验货，事后消费者发现了质量问题时，应该如何界定责任呢？我国《合同法》是这样规定的：

《中华人民共和国合同法》

第一百五十八条　当事人没有约定检验期间的，买受人应当在发现或者应当发现标的物的数量或者质量不符合约定的合理期间通知出卖人。买受人在合理期间内未通知或者自标的物收到之日起两年内未通知出卖人的，视为标的物的数量或者质量符合约定，但对标的物有质量保证的，适用质量保证期，不适用该两年的约定。

因此可以得出结论，在这个例子中，万丽丽有权向电商网站提出要求，进行退货或者换货。根据我国相关法律的规定，销售者在出售商品时，应当开箱检验，正确调试，介绍使用及维修等。也就是说，销售者负有验货义务，应该对售出的商品进行开箱检验，调试商品功能是否完好，配件是否齐全等。在本案中，商场没有履行验货义务，应视为有过失，应该为此承担责任。

幸福“法”宝小支招

“送货上门”已经成为如今许多消费渠道的送货方式，运货工人首先将货物运送到消费者家中，然后由消费者验收后签字，表示签收。如果是需要安装的电器，有些情况是当场进行安装，而有些情况则是几日后由专门的安装工人上门安装。而无论是哪一种情况，当送上门的商品出现质量问题时，消费者都应该勇于维护自己的权益，按照相关法律法规的规定，向商家提出退换货或索赔的要求。

下订单时多方参考评价，谨慎做决定

无论是网络购物还是实体店购物，都可能遇到需要送货上门的情况。而不管是哪一种购物方式，在交钱下订单之前，都必须多多参考各方面的评价，然后再做出决定。相对于男性来说，女性往往更加热衷于消费，她们在消费上的优点是更擅长于精打细算，也更愿意花费时间精力去寻找性价比高的商品，并在价格上进行对比、砍价等；而女性在消费上的缺点，则是常常会出现冲动消费，比如为了跟风，或者受到推销员的影响，而一时脑热做下决定。

因此，下订单时一定要控制冲动消费的心理，在多方参考结论的前提下，再做出决定是否要购买该商品。购买之前，还要向销售人员详细询问该商品的具体情况，尤其是三包情况、送货上门和安装情况等等。

送货上门时，不厌其烦检查货物

随着网络购物现象的普及，如今很多人经常会收到送上门的商品，时间长了，对于这些商品的验收也十分惫懒，常常连货物纸箱都没有打开，就匆匆签字，任由送货员离开。而一旦发生商品质量问题，此时再联系商家，就常会碰到商家以“顾客没有及时验货”为由拒绝退换货。

因此，在遇到送货上门时，一定要不厌其烦地检查货物的完好，将纸箱打开，仔细查看后再签字。如果遇到某些不能当场打开验货的情况，至少也要检查纸箱是否破损。

而如果是大件商品，比如家用电器，还要在送货工人的指导下当场打开，接通电源，进行调试。有些电器厂商采取的是先送货、后安装的方式，那么在货物送到家中后，消费者不要擅自打开纸箱上的封条，要等待安装工人到达后，由安装工人进行拆封。